民国初期
女性的
语言教育

刘媛媛——著

外语教学与研究出版社
北京

图书在版编目（CIP）数据

民国初期女性的语言教育 ／ 刘媛媛著. —— 北京 ：外语教学与研究出版社，2021.6
ISBN 978-7-5213-2852-3

Ⅰ．①民… Ⅱ．①刘… Ⅲ．①妇女教育－语言教学－教育史－研究－中国－民国 Ⅳ．①G776②H09-092

中国版本图书馆 CIP 数据核字 (2021) 第 155164 号

出 版 人 徐建忠
责任编辑 陈 宇
责任校对 李旭洁 李 鑫
封面设计 水长流文化
出版发行 外语教学与研究出版社
社 址 北京市西三环北路 19 号（100089）
网 址 http://www.fltrp.com
印 刷 北京盛通印刷股份有限公司
开 本 650×980 1/16
印 张 15
版 次 2021 年 8 月第 1 版 2021 年 8 月第 1 次印刷
书 号 ISBN 978-7-5213-2852-3
定 价 48.00 元

购书咨询：(010) 88819926 电子邮箱：club@fltrp.com
外研书店：https://waiyants.tmall.com
凡印刷、装订质量问题，请联系我社印制部
联系电话：(010) 61207896 电子邮箱：zhijian@fltrp.com
凡侵权、盗版书籍线索，请联系我社法律事务部
举报电话：(010) 88817519 电子邮箱：banquan@fltrp.com
物料号：328520001

记载人类文明
沟通世界文化
www.fltrp.com

谨以本书纪念

近代中国女性语言教育的先驱

In memory of those who were actively involved in

women's language education on

the eve of modern China

本研究获北京外国语大学"中央高校基本科研经费学生创新项目"、美国史密斯女子大学"乔丹基金"(Jordan Fund)、美国五校联盟"女性与社会变革"(Women and Social Change)基金资助

序

本书的话题是民国早年的女性语言教育。"五四"前后的中国，处于一个极特殊的历史时期。那时的一批有识之士深怀亡国之虞，意识到社会上下的变革已迫在眼前，势所必行。短短一二十年里，国人便得以借晚清西学东渐之力，乘中西文化碰撞之机，大举割弃本土的旧统序，吸纳外间的新思维。伴随政体改制、学术创为而来的是教育体制的革命，在新式学堂里开始出现女性的身影。但她们岂止是中国第一代女学生？她们是中国全新的一代女性！

关于那一代新女性、女性解放、女子学校与女性教育，学界已有不少探讨，却罕有人从应用语言学史的角度着手考察。当我们跟随著者返回五四时期及以后，便能观察到一幅多重复合的图景，它由语文进步史、白话运动史、母语教育史、外语学习史等多个领域的画面牵联呼应而成。卷入历史的是整个民族，书写历史的则是具体个人。于是我们看到一系列生动真实的个案：程俊英、黄英、徐亦蓁、鲁桂珍、张肖松，她们是时代知识女性的精英，行将导引男性主宰天下的旧中国走向男女平权的新社会。作为第一代接受新式教育和普及教育的中国女性，她们当中的一些人很快就将成长为推行新式大众教育的第一代中国女教师，施教于越来越多的中国女性。就这样，不出三四代人，中国便彻底换了样。今天，当我们目睹许多工作领域里两性的担当不相上下，语言教育领域里女生、女教师的比例甚至可能超过男性时，有谁会想到，这一切就始于本书中描述的几个女孩子在一个世纪前勇敢地迈出的第一步呢？

古云"十五入大学"，所谓"大学"只是一方惠及小众的湖泊。现代高等教育不同，是一片泽被大众的海洋。不过，湖泊也好，海洋也好，都需要假舟楫以渡水，而古今中外各形各色的教育机构便是渡水所赖的舟楫，缺少了它们就难以达到教育的目标。当社会步入现代，教育逐年普及，此时机构发挥的作用就愈加凸显。著者告诉我们，20世纪上半叶中国拥有过一类专门的教育机构，它们为推动高层次的女性教育立有大功，那就是女子大学。

女子大学有两类。一类属于国立，该时期只见一所，即以国文和国学为重的北京女子高等师范学校。这所女校建于1908年，以"高等师范学校"命名时期仅五年（1919—1924），却因为邀到胡适、鲁迅、周作人等名师任教，孕育了一小批女性精英，她们有的投身写作，有的从事学术研究或其他。另一类为教会兴办，诞生既早，维续也更久。截至20世纪50年代初，先后有过三所教会女子大学，均由美国来华教士创建：华北协和女子大学（1905—1943），金陵女子大学（1915—1951），华南女子大学（1908—1951）。教会女校之特殊，其余姑且不谈，与本书所论话题直接相关的便在于语言教育；而教会女校的语言教育之特殊则体现在双语上面。依靠母语与英语相偕并举的学制，教会女校得以培养了中国第一代通晓英语的知识女性。她们有的出国深造，在某一专业领域获得骄人的成果；有的参与外交活动，在国际组织中留下干练的行迹；还有的留任母校，担负起教书育人的职责。今天，当人们为频繁出没于高峰论坛的女译员那优雅自如的谈吐而倾倒，被代表政府部门的女发言人那犀利的话语所震慑，对高校、研究院、管理阶层上上下下各类优秀女性熟见不怪的时候，有谁还会记得这一切的始倡者，正是一个世纪以前为争得社会认同而奋力拼搏的那三五个弱女子呢？

亲爱的读者朋友，倘若你我对先辈尚怀有一份感恩，对近代中国教育史尚抱有些许兴趣，那不妨就翻开此书，随作者去往上个世纪初，一起来做一次女性语言教育史的远足吧。

姚小平
己亥清明后于北外

前　言

　　本书是一部近代中国语言教育专题史，考察的时段锁定在民国初期。那时候，许多锐意进取、期盼社会改革的知识分子对理想的家国怀有一种想象，而这一想象的图景经常在本民族的语言教育变革中得到映射。安德森（B. Anderson）指出，人们常说的"民族"无非是借一种特定的语言所构想的共同体（Anderson，1991）。关于语言教育在我们的国家和民族认同建构中所发挥的作用，海内外并不缺乏关注。比如学界经常会提到这方面的一些大事件，像汉语由文言向白话的转型以及相应的白话普及教育，英语被纳入教学大纲等，但我们还需要以应用语言学为框架，用现代的方法对这段语言教育改革史加以梳理。这便是本书尝试要做的事情。

　　全书以认同建构为视角，以第一代考入高校并系统接受语言教育的中国女性为对象，采用的史料来自国内外共六处图书馆、档案馆，包括校史校刊、回忆录、日记、书信、课程作业、成绩单、访谈稿等。本书研究的步骤和要点大抵如下：

　　绪论指出，学界对民国初期受教育女性的探讨多专注于教育学、社会学等领域，缺少应用语言学视域下的研究。鉴于此，本书将研究目标设定为通过考察新女性的语言学习与认同建构，探讨语言教育如何通过培养具有某种特殊认同的公民来参与社会变革。

　　第一章提出全书的概念体系，着重于语言学习与认同相关理论，并对海内外女性语言学习与认同研究的相关成果进行综述。第二章阐述研究方法，主要是个案考察法和叙事分析法，尤其强调叙事分析在历史、历时研究中的特殊优势。第三章叙述研究背景，包括民国初期语言教育格局的形成、教育领域的语言意识形态，以及本书选取的两个群体案例：北京女子高等师范学校和金陵女子大学。

对个案的分析集中在第四、五两章展开。第四章解析了两位国语学习者——程俊英和黄英的学习经历，第五章解析了三位英语学习者——徐亦蓁、鲁桂珍和张肖松的学习经历。她们几乎在同一时期接受高等教育，就读期间恰逢文白转型、英语教育体制化等教育政策变革，在语言权力、语言资本和意识形态等因素的影响下，她们各自确定了重点学习的语言，并在毕业之际建构了同中有异的新女性认同。其认同的相同之处在于，她们都通过学习体现较高资本和权力的语言，部分打破了主流社会对女性的束缚，建构起"新"的女性认同，且都体现出对于国家和民族的强烈责任感；相异之处在于，两位国语学习者建构了"国文女教师"和"新文学女作家"的认同，基本符合男性教育改革者的预设，而英语学习者则建构了隐含的"女性领导者"认同，虽然符合女传教士的教育理念，却脱离了中国主流社会对女性的期待。

第六章尝试在理论上再进一步，探讨了意识形态（语言、性别等）、认同定位、话语权三个概念。把这三个概念综合起来，能够更深入地理解语言教育对学习者认同建构所产生的影响。第七章基于语言教育政策与认同的关系理论，探讨了民国时期的语言教育政策对新女性认同的影响，以全面理解语言教育在当时的社会和政治属性，即，语言教育的目标是要培养一批具有特殊认同的公民，而这些公民当中的许多人将投身社会变革。

最后，第八章阐述了本书的现实意义，即为当前我国的语言教育提供历史参照和理论依据。我们所培养的语言人才，究竟应该具有怎样的认同？对此目前也许还没有一个现成的答案，但追溯历史会让我们的愿景变得清晰，让我们更加明白自己想要什么。

本书使用史料一览

1. Burke Library, Union Theological Seminary. New York
   （纽约）协和神学院伯克图书馆
   　　Matilda Calder Thurston Papers（MCT）
   　　《德本康夫人资料集》

2. Smith College Archives. Northampton, Massachusetts
   （马萨诸塞州北安普敦）史密斯女子大学档案馆
   　　Ginling College Records
   　　《金陵女子大学资料》

3. Divinity Library Special Collections, Yale University. New
   Haven, Connecticut
   （康涅狄格州纽黑文）耶鲁大学神学院图书馆特藏
   　　China Records Project Miscellaneous Personal Papers
   　　Collection
   　　《中国文献项目：个人资料汇编》
   　　（Record Group 8：Ruth Chester, Frederica Mead Hiltner,
   　　Dorothy Lindquist, Y. T. Zee）

   　　United Board for Christian Higher Education in East Asia
   　　（UB-CHEA）
   　　东亚基督教高等教育委员会
   　　（Record Groups 11, 11A, 11B：Ginling College Records）

4. 中国国家图书馆

    《北京女子高等师范文艺会刊》第二、三、四、六期

    《教育季刊》（*The Educational Review*）

    《教育杂志》（*The Chinese Educational Review*）

    《女子时报》

    《妇女杂志》

    《新青年》

    《中华妇女界》

    《新教育》

    《晨报》

5. 北京大学图书馆

    《北京女子高等师范文艺会刊》第一、五期

    《北京女子师范学校周刊》（1922—1924）

6. 北京师范大学图书馆

    《北京女子师范学校一览》（1918）

    《国立北京女高师教职员名册和筹建女师大委员会》（1924）

    《1914—1925 年女师范及女高师毕业生名册》

    《北京女子师范学校十周年纪念册》（1917）

目　　录

绪论 "'五四'新女性"研究之种种

> 自从那惊天动地的五四运动以后，国人大家对于女界所尽称的，和妇女界他们自己所乐道的一个名词，就是"新妇女"。……我们所说的新妇女，是指……（那些妇女的）眼光，定要和从前妇女们两样；他们的观念，定要和从前妇女们两样；他们的态度，定要和从前妇女们两样；他们的思想，定要和从前妇女们两样；他们的责任，定要和从前妇女们两样；他们的位置，定要和从前妇女们两样；即使他们的习惯，也要和从前妇女们两样。
>
> ——云舫，1920，6（9）：3—4[1]

民国时期（1912—1949）是我国社会和文化由传统走向现代的剧变期，而五四运动的兴起，又给国人以现代文化的洗礼，西方文化、思想、理念的影响至此达到顶峰。在民国时期一系列的社会文化变革中，教育改革和妇女解放成为两个标志性的事件。在五四运动中，"女性解放"是与"人"的问题同时提出的：女性也是具有独立人格、能够自由思考的人。女性的解放在当时是社会文明与人类平等的象征，而女性接受教育则被视为强种保国、促进社会变革的手段。

然而，笔者却发现，在这繁杂的研究群体中，独独没有语言学者的身影。社会科学发展至今日，学科间的界限被日益打破，跨学科甚至超学科正在成为新的研究常态，语言学研究在研究范

---

[1] 云舫：《新妇女所应铲除的几种劣根性》，载《妇女杂志》，1920，6（9）。云舫为笔名，民国时期女性发表文章常用笔名。

式、理论方法等方面受益于其他社会学科的同时，也应能够反哺整个社会科学的进步。带着这样的愿景，笔者以一位语言学研究者的身份，开始走进那记载在史册内、散布于各类研究作品间的中国第一代接受系统语言教育的女性学习者。

有学者发现，民国以前并没有"女性"这个词，称呼女性多用"女""妇""母"。五四时期，偶有文章使用"新妇女"一词，而"新女性"是经胡适在《新青年》上撰文介绍[1]，才为中国知识阶层所熟悉。杨联芬认为，直到 1926 年章锡琛主编的《新女性》杂志问世，"新女性"才开始作为固定名词使用（杨联芬，2010）。何玲华将其定义为"五四时期经历新教育的淘洗，以鲜明的主体自觉迥异于传统女性的新知识女性"（何玲华，2007：2—3），这与美国学者王玲珍给出的定义——"接受教育的女性，以其新获得的自主人的身份参与社会活动"（Wang，1999：14）——颇有相似之处。二者都强调教育、身份的主体性以及新女性社会身份的转变。无疑，新女性是民国情境下中国女性身份认同的产物，而教育则是决定新女性诞生的一个关键因素。

民国建立后，随着教育改革和妇女解放的推进，各类女校纷纷设立，入校女生人数（不包括教会女校）由 1919 年的 141,130 人猛增至 1923 年的 417,820 人[2]。而在当时的国民教育体系中，女子高等教育又是一个特殊的方面，其兴起和发展从一个侧面反映了近代中国女性地位逐渐提升的艰辛过程。文献显示，当时国人对这些接受高等教育的新女性的态度颇为矛盾，甚至充满质疑："我国社会对于女学生之观念，其初惊讶之，其继畏惧之，其终厌恶之。"[3] 即使是女性自己，对何为新女性以及新女性的社会价值也疑问重重，她们努力在新旧、中西的矛盾与冲突中寻求

1　胡适：《美国的妇人》，载《新青年》，1918，5（3）：213—214。
2　黄炎培：《中国教育史要》，上海：商务印书馆，1930：134—139。
3　飘萍女史：《理想之女学生》，载《妇女杂志》，1915，1（3）：29—33。

平衡，追寻真我。这些拥有新思想和独立人格的女性有时被赞为"先锋"[1]，有时却被贬为"泛驾之马""嚣竟如同鬼夫"[2]，或被认为过于"傲纵""慕欧化而轻国学，重外观而鄙实用"[3]，如果不学习家政类课程，便只是"废物而已"[4]。

在本书的研究框架中，笔者在社会建构主义和后结构主义范式下，从认同建构的视角来理解新女性，认为这一概念首先是多元的，不仅包括女性的社会认同，还有语言认同、民族认同、职业认同以及为人妻、为人母的性别认同；其次，这一概念是动态发展的，在个体和外界的互动中，在社会情境的转变中调整、发展；最后，新女性的概念是民国时期处于变革中的社会结构，与新旧力量交锋、中西文化冲突的历史语境共同作用的产物，既受制于社会中的各种权力关系，又在权力关系的夹缝中寻求突破。

陈东原在《中国妇女生活史》（1928）中，将民国建立至五四运动之前的这段时间称为近代妇女（即新女性）诞生的"理论时代"，五四运动时期及以后则为"新生时代"。宋汉理（H. T. Zurndorfer）指出，学校教育，特别是高等教育，长期以来被认为是作用于性别认同的建构、表征及转变的重要因素（Zurndorfer, 2005）。从学校教育的角度探讨民国时期女子身份认同的改变这一话题，只是在近些年才获得中西学者的关注（Bailey, 2007；Croll, 1995；Wang, 1999；何玲华, 2007；贾佳, 2010；魏李娟, 2010；杨联芬, 2010；张莉, 2008；等等）。何玲华以北京女子高等师范学校（1919—1924，以下简称"女高师"）为案例，立足于史料梳理及相关领域研究的追踪，揭示与审视了"五四"女子教育与女子觉醒、女子解放的深刻意义和深远影响（何玲华, 2007）；贝利（P. J. Bailey）在对民国初期发表在报刊上的

---

1 胡适：《谈女子问题》，载《妇女杂志》，1922, 8 (5)。
2 余天遂：《余之女子教育观》，载《妇女杂志》，1915, 1 (1)：1—3。
3 王卓民：《论吾国大学尚不宜男女同校》，载《妇女杂志》，1918, 4 (5)：1—8。
4 飘萍女史：《理想之女学生》，载《妇女杂志》，1915, 1 (3)：29—33。

关于女性的话语进行研究后认为，这一时期人们对接受教育的女性的描述，实际上不过是用现代的语言形式来表达保守的思想而已（Bailey，2007）；杨联芬分析了新文化运动的话语之后指出，五四时期的新女性在新伦理与旧角色的夹缝中陷入了身份认同的困境："学校将她们塑造成叛逆与独立的个人时，社会却未给这些新女性预留空间"，至"1934年庐隐为石评梅立传的《象牙戒指》出版，第一次以较为真切清晰的语言，揭示了她们那一代女性受困于身份认同的'丰富的痛苦'"（杨联芬，2010：210，218）。

　　上述研究利用各类史料，成功地将学校教育与新女性的诞生关联起来，展现了新女性的成长背景及艰难处境。然而，大部分关于新女性认同的研究是从教育灌输的新婚姻观、事业观等角度出发，有浮于表面之嫌，并未明晰教育到底是通过何种方式改变了民国女性的此类观点的。另外，在揭示新女性身份认同的困境时，学者们多采用共时的分析，虽展现了新女性认同与社会环境之间的挑战与压抑关系，却忽视了认同内部的动态发展性、多元性及冲突性特征，而这正是建构主义思潮影响下的认同观的典型特征。此外，这些研究对不同的教育环境也缺少关注，如教会女校和国立女校的不同如何对新女性的成长产生作用。

　　仔细研读史料后笔者发现，在当时的女子高等教育体系中，语言教育一方面是施教者手中用以塑造时代新女性的工具，另一方面却也是引发女性新身份争议的根源之一。如金陵女子大学校长德本康夫人（Mrs. Lawrence Thurston，1875—1958）在阐述中国女子高等教育的目标时明白地说，对她而言，高等教育就是要为那些已接纳女性的领域培养"妇女领袖"，而良好的英语水平则是一位"妇女领袖"必须具备的素质，因为只有这样，她才能将西方的理念介绍给中国，这样的理念是丰富中国女性生活所需要的[1]。另一位中国女学者则强调研习中国传统语言文字之学对于女性成长的重要性："夫小学之益理群类，解谬误，晓学者，达神诣，夫人而知之矣。今余之所言，益非徒为文字一方面说法也，意以谓小学得通，于妇女毕生之操行，实有莫大之影响焉。"[2] 在这里，我们看到了一个冲突：所谓新女性，到底是应该学习英语，接受西方理念的熏陶，成为新时代的"妇女领袖"，还是学习文言，继续做那延续了千年的"贤妻良母"？而那些学习白话文这种代表着新思想、新文化的语言的女子，又是怎样在新旧观念的冲突、中西文化的碰撞之中成长起来的呢？

笔者认为，要想真正理解民国时期语言教育之于新女性诞生的特殊性，有两点是不能忽视的。

首先，民国时期在我国语言教育改革史上占有特殊地位。这一时期不仅是我国社会文化由传统走向现代的剧变期，更是中国近代史上一个极重要的推进语言标准化、现代化的时期：母语方面，书面语由文言转为白话，开始采用注音字母；外语方面，英语教学的规模迅速扩大，教学水平也显著提高。语言改革也是新文化运动的主要目标之一，文白转型、英文中文孰优孰劣是经常见诸报端的话题。

其次，女子接受普及教育，进而接受高等教育，这件事情是在西方理念影响之下发生的，其间教会女校发挥了特殊的作用。虽然女性解放的呼声高昂，但从 1912 到 1915 年，仅有约 174 名女性进入高等教育机构学习，而同期接受高等教育的男性高达 41，633 人；至 1923 年，接受高等教育的女子人数虽增至 847 人，仍只占入学女生总人数的 2.43%[3]。女子高等教育机

1　见 Mrs. Thurston. The higher education of Chinese women: aims and problems, *The Educational Review*, 1916 (8): 96.

2　李素筠：《论女子宜通小学》，载《妇女杂志》，1915，1（1）：3—6。

3　数据分别来自黄炎培：《中国教育史要》，上海：商务印书馆，1930：13；卢燕贞：《中国近代女子教育史（1895—1945）》，台北：文史哲出版社，1989：132；中华全国妇女联合会：《中国妇女运动史》，北京：春秋出版社，1989：95—96。

构当时仅有四所，其中三所属于教会，分别是华北协和女子大学（North China Union Women's College，1905—1943）、金陵女子大学（Ginling College，1915—1951，以下简称"金女大"）和华南女子大学（Hwa Nan College，1908—1951），都由美国来华传教士兴办。国立高等女校仅有一所，即北京女子高等师范学校。因此，若要全面解析新女性的成长过程，必须将教会女校的学生纳入研究群体，而这往往是当前国内学者忽略的一个方面。

　　基于以上论述，本项研究在语言学视域内，将新女性视为女性语言学习者的认同在当时社会环境中的一种具体体现，以建构主义范式下的"语言学习与认同研究"相关理论为基础，采用叙事研究法，探讨民国初期的女子语言学习与新女性的诞生之间的关系。这是一项对于一段特殊历史时期的语言教育的考察，笔者认为，通过将语言教育与新女性这一特殊认同结合，能够更好地揭示社会发展、语言教育变革与个体学习者之间的互动关系，进而深化我们对语言在社群分类、语言使用者评价以及社会权力塑造社会成员的认同上作用的认识。另外，笔者也期望通过探讨这一特殊时期的语言学习与新女性的诞生之间的关系，发现其对现代语言教育的启示。兰道尔夫（J. P. Lantolf）在《一个世纪的语言教学与研究：回顾与前瞻》一文中，引用一位审稿人的话指出了语言教育领域史学性考察的重要性："我们总以为自己比前人掌握更多知识，然而，细致的考察显示，我们对历史所知甚少，曲解颇多。那些被我们视为新颖的或革命性的研究成果，其实一再见于历史，或者，至少以某种形式存在过。"（Lantolf，2000：471）笔者希望，通过这样的历史考察，能够更加清晰地展现在民国初期特定的社会文化环境中，语言教育与特定学习者群体身份认同发展之间的关系，进而引发语言教育研究者和实践者的反思，发现问题并尝试改变，以创建更加人性化、多样化的语言教育理论，给予学习者更大的发展空间和更多的发展机会，进而为推动中国语言生活的和谐、有序发展，为整个中国社会的理性、健康发展，做出些许贡献。

为了更好地理解语言教育与新女性诞生之间的关系，本书还参考了哈贝马斯（J. Habermas）的"主体间性"（intersubjectivity）、女性自传历史传统等研究成果，这些对于我们丰富语言学习与认同的理论框架都有借鉴价值。

所谓主体间性，是由哈贝马斯在阐述其"交际能力"理论时提出的概念（Habermas，1970），指的是交际双方的相互理解，是个人能力的一种表现，也是社会契约的一种。女性主义心理学家本杰明（J. Benjamin）将这一概念加以引申，指出一个人的自我认同是在个体与个体之间、个体与他人之间的相互认可（mutual recognition）中建构起来的（Benjamin，1986，1988），"在个体间的相互认可中，共性与差异同时存在"（Benjamin，1988：47）。这一观点为本书从学生群体、师生关系的角度分析民国女性的语言学习情况提供了启示。笔者认为，既然认同是在个体与外界的互动中发展出来的身份定位及其过程，那么个体在某个群体中的成员身份，以及教师对学生所起的示范作用等，都应该被看作影响认同发展的力量，理应得到认真探讨。而王玲珍对于中国女性自传文学的研究也为本研究拓展了思路。她指出，几乎整个 20 世纪，中国女性都没有想过或根本没有勇气从事自传性写作。对这种现象要从中国的自传书写历史传统、中国女性的文化价值观，以及社会上男女权力关系的角度来理解。她认为，诗、随笔、散文、小说等都是中国女性通过语言来表现自我的形式，展现了中国女性的主体性（Wang，2004）。基于这种思想，本研究对民国女性语言学习的考察将不局限于女性关于语言学习过程及情感的回忆性文字，其他类型的言语行为，如演讲、戏剧表演、写作等也都在考察之列。笔者认为，民国女性冲破历史陈规、文化习俗及社会权力关系的羁绊，在社会上发出自己的声音，这一事件本身就是语言教育的成果之一，是女性自我认同发展的表现。

综合以上论述，本研究拟回答以下三个方面的问题。

（1）民国女性的语言态度及其转变，以及在这一过程中其语言认同的建构。她们怎样看待英语、文言和白话这些语言本身，又为何选择重点学习某种语言，或放弃学习某种语言？她们如何处理不同语言间（如英语和国语）的冲突？她们学习某种语言的最终目的是什么？

（2）民国女性的语言学习与共同体成员身份的建构。民国女性如何在语言学习的过程中选择实践共同体（community of practice）（Lave et al.，2004），建构想象共同体（imagined community）（Anderson，1991）呢？共同体（实践、想象）成员的身份又如何反作用于她们的语言学习？学校的教育理念、语言教育政策、校园文化等，与民国初期特定的社会结构和文化构成，以及中国女性延续了几千年的附属于男性的历史产生了何种冲突，此种冲突又发生了哪些调整，进而对她们的语言学习与认同建构产生了什么影响？

笔者希望，通过对上述问题的探讨，可以考察在教育机构与主流社会对受教育女性存有不同期望的情境下，民国女性如何在不同语言的冲突间定义自我，寻找适合自我的生存空间，即如何通过自我的言语行为，在不同的权力关系间协商建构她们独特的性别认同。对这两方面问题的探讨，能够彰显语言学习之于民国新女性身份认同建构的意义。

（3）通过对新女性这一特殊群体的考察，展示语言教育如何通过培养具有特殊品格的新生力量参与民国社会的变革与发展。民国新女性获得的语言知识，以及自我认同的发展，是否赋予了她们进入社会后改变自我、改变社会的能力与勇气？她们以何种方式参与了社会变革并做出了何种贡献？笔者希望通过对这个问题的考察，更深刻地揭示出语言教育如何通过作用于学习者个体的认同建构来参与社会变革。

本书将以这三个方面的问题为主线，梳理民国初期语言教育与新女性认同的发展轨迹，希望研究所得不仅有助于还原民国新女性成长的真实状态，以点见面，来揭示语言教育与社会变革之间的互动发展关系，更能够为当代语言教育政策的制定，为语言教育相关理论与实践的研究提供有益的历史参照。

第一章　女性的语言学习与认同建构

> 学习对"我们是谁"和"我们做什么"产生潜移默化的作用，是一个认同发展的过程，是学习者逐渐成长为或避免成长为"某个人"的过程；学习并不是技巧和知识的简单累积。
>
> —— Pavlenko, A. and Norton, B. 2007a：670

社会文化学派的学者认为，语言的学习是在具体的社会文化语境中，在真实的交流中发生的；学习者个体，是带有复杂社会认同以及多重愿望的社会人 (Norton，1995)。因此，语言教学 / 教育研究也应考察影响学习的外部因素，去了解真实的语言学习者，探寻他们在语言学习中做出种种选择的深层原因，关注学习者的全人发展。最近十几年来，考察在特定的社会、历史、文化语境下学习者的语言学习及身份认同建构的互动发展，已逐渐成为语言教学 / 教育研究的范式之一。而本项研究想要探究的不只是这些，本研究还希望，在梳理民国初期语言教育与新女性诞生之间关系的基础上，反思语言教育如何通过培养具有特定认同的学习者，为社会进步做出贡献，进而提炼语言、语言教育政策以及认同之间的理论相关性。

1.1　概念体系

自建构主义范式下的语言学习与认同研究兴起之日始，这一研究课题就从社会学领域吸取理论成果。这是因为，在解释一些语言学习现象时，学者们感受到了传统结构主义语言学在本体论和方法论上的局限，开始向社会学、民族志、心理学、教育学等相邻的人文社会科学领域寻求帮助，借鉴其理论和方法，以求整合原有的学科概念，觅取新的探索思路，突破应用语言学的研究视角和理论模式，构建一套更具社会敏感性的语言习得理论。

一旦把学习者看作参与社会活动的实体，把语言学习看作一种策略性的社会活动，我们就会看到，社会、文化、历史诸因素都以某种微妙的方式，对学习者的语言学习和认同建构产生着影响。对于任何一项旨在考察社会、历史、文化如何对语言学习以及学习者的认同建构产生影响的研究来说，创建一套能够有机整合诸多因素，展现其作用形式的概念体系是理论建设所必需的钢筋骨架，也是贯穿整个语料分析的线索指引。下面将对本项研究应用的概念体系加以阐释。

1.1.1　认同

在习得一门新的语言或语言变体时，学习者也在接受另一种理念和文化的熏陶，开始用新的眼光来观察这个世界，从一个新的角度来衡量关于自我的一切，并在调整对自我和世界的认识的基础上尝试改变。这种由语言学习导致的对自我身份的反思，对认同感的追寻，以及对新的身份、地位的诉求，是语言学习者对自我的身份定位（identification）。"认同"，又译"身份""身份认同""身份诉求"等，指的就是这种关于自我的思考及其过程。在本项研究中，我们采取"认同"这一译法，重点考察两类认同：自我认同（self identity）和社会认同（social identity）。自我认同指的是个体对"我是谁"的认知、评价以及相关情感和行为倾向，及其实际参与或内心想象的共同体归属定位（高一虹等，2013b：2）。社会认同则偏重于对个体与组群之间关系的考察。社会认同是在个体与组群的相互作用中利用言语建构起来的，个体通过采用某种风格的语言来宣称自己某个组群的成员身份，而这种成员身份又参与建构了个体的知识和对社会结构的感知（Auer，1998；Bucholtz et al.，2005）。如果说自我认同反映了语言与心理建构之间的关系，那么社会认同则清晰地反映了语言与社会结构之间的关系。在这里，我们将自我认同和社会认同视作新女性认同的下属认同（sub-identities）（Pablé et al.，2010：673），并认为，通过对这二者的考察能够展示新女性的自我定位和社会定位，进而对新女性的生存状态以及社会影响，给予更加全面、客观的评价。

此外，建构主义视角下的集体认同（group identity）还包含其他下属概念，如国家认同（national identity）、民族认同（ethnic identity）、文化认同（cultural identity）和语言认同（language identity）等。语言政策研究者主要通过宏观视角探讨语言如何作为国家认同的标志，以及在社会变革或冲突中，这种语言标志如何日益凸显（Horner et al.，2016：327）。所有这些概念中，语言认同最能说明语言政策在认同建构中的重要作用。语言认同这一概念的提出，是对语言行为作为一种认同行为的承认，是将一个人所讲的语言以及他言说的方式，作为一个人的认同的最重要的标志。语言认同与不同的集体认同之间的关系大致如下。

文化认同以语言为标志，与语言认同互为参数（indexically related）（Fishman，1991）。斯莫利茨（J. J. Smolicz）认为，与一种文化紧密相连的语言，是阐明该文化的价值，表达其特征和制品的最好工具（Smolicz，1992）。我国学者认为，文化认同构成民族认同与国家认同的中介形式（韩震，2010）。

民族认同是个体对本民族的信念、态度以及对其民族身份的承认（Carla et al.，1998），文化认同是民族认同的基石（栗志刚，2010）。民族认同一方面是国家认同的前提，另一方面又受国家认同的认可和保护。民族认同对一个国家的文化适应、社会稳定有着极为重要的意义。

国家认同是一个国家的公民对自己祖国的历史文化传统、道德价值观、理想信念、国家主权等的认同（贺金瑞等，2008）。它既不是单元的语言认同、民族认同或文化认同的概念呈现，也不是多元的语言、民族或文化认同的融合与汇聚，它在不同场域中以多种角度、切面与边界展示出不同的认同形式与理念，如果从精神和文化层面切入，国家认同就成像为文化认同形态（金太军等，2014：9）。

当前学界的观点认为，除了动态、多元等特性外，认同还具有交织性（intersectionality）（Block et al.，2016）。交织性强调认同不同维度之间的相互联系和作用，认为不能对任何一个维度进行单独、静态的考察，因为这会导致对研究对象勾画与解读的片面性。因此，我们认为，"求同"面向的"国家认同"是以"存异"面向的"自我认同"为前提的，语言教育政策视域中的认同研究，既应自上而下地考察国家认同，也应自下而上地考察公民的个体认同，因为要强化国家认同的地位，就必须把国民的公民意识培养放在首位，应该通过语言教育来帮助建构中华民族共同的文化基础和文化象征符号，增强个体认同、民族认同与国家认同的重叠内容。

1995 年，加拿大语言学家诺顿（B. Norton Peirce）将认同概念引入语言教育领域，引发了广泛的关注。其对认同的理解（Norton Peirce，1995；Norton，1997，2000）受到社会心理学家韦斯特（C. West）、布迪厄（P. Bourdieu），以及女性主义研究学者威登（C. Weedon）等的影响（West，1992；Bourdieu，1991；Weedon，1997）。诺顿认为，"认同是一个人对自我与世界之间关系的理解，是关于这种关系如何在不同的时间和空间下建构起来的，以及个人怎样看待他未来发展的可能性"（Norton，2000：5）。这一概念的提出，标志着人们对认同的理解由结构观（structuralist perspective）转向建构观（constructivist perspective）。结构观作为一种认知或获取知识的方式，意在寻找人类行为和社会现象中普遍存在的恒久规律；与此不同，建构观认为，知识的获得是在主体与外部环境之间的相互作用中建构起来的。这种观点强调建构过程的主动性，认为文本解读是了解这些过程的一种方法，并且关注知识的本质，强调知识的本质与学习者在特定群体中的成员身份相关（McGroarty，1998：593—594）。在建构观的视角下，认同不再被视为一个单一的、固有的、在时间和空间上相对稳定的范畴，而被视为一个"在社会文化历史情境中，个体与外界互动而发展出来的多元的、动态的身份定位及其过程"（高一虹等，2008a：19）。

随着认同理论的发展，又有研究者从后结构观的视角来理解认同。后结构观超越结构观，欲探寻人类知识构成的多层次性、复杂性以及种种细微差别。同建构观相似，后结构观也关注认同发展的动态性及多元性，同时还强调认同发展的挑战性及冲突性，即随着时间和环境的改变，个体接触到各种新的信息，这些新信息对个体的身份认同产生作用，其作用形式并不是简单地新旧相加，而是一个相遇、冲突、协商并相互转化的过程。从后结构观的视角出发，布洛克（D. Block）提出，"认同至少在某种程度上是一项有意识的反思行为，由个体创造并维持运行"（Block，2007：865）。

诺顿的认同概念（Norton Peirce，1995）一经提出，便获得了广泛的认可与大量的转引（Hawkins，2005；Clemente，2007；Lamb，2007），因为它能够帮助研究者更好地理解在课堂外扮演着不同角色的学习者在语言学习上的投资行为。后结构主义的认同观又为诺顿的认同概念加入了更多细节元素。然而，即便如此，也有学者表示不满。Yasuko Kanno 就认为，这一概念过分强调认同的多元及破碎性，却没有在不同的认同之间建立联系，因此，无法展示学习者"在两种语言和文化间寻找属于自己的位置而付出的努力"（Kanno，2003：132）。Kanno 认为，理解认同与语言学习的关键在于"叙事编织"（narrative weaving），即学习者为达到叙事连贯而付出的努力，类似的观点亦见于 Block（2007）和

Giroir（2014）。此外，当学者们探究学习者的多元认同时，关注点似乎只在个体认同的内部，却忽视了同一群体内个体间的认同差异。谷明月的研究发现，看似相同的背景和学习语境，甚至在社会环境与学习语境中的相似地位，都无法预设学习者拥有相似的认同发展轨迹（Gu，2010）。因此，笔者认为，欲更明晰地探知语言学习和认同建构之间的互动发展关系，要在承认个体认同多元性、冲突性的基础上，关注个体为在多元和冲突的认同之间取得和谐而做出的努力，以及造成同一群体内部个体间认同差异的深层原因。

总之，通过将认同概念引入语言教育研究，学者们彰显了这样一种语言观：语言不是中性的交流媒介，它具有丰富的社会意义；语言参与构成学习者的身份认同，而语言的社会意义则通过语言使用者的身份得以彰显。因此，在语言教育中，学习者的投资感、身份认同以及所处的社会历史环境等，不应再被视为理所当然的、一成不变的"结构体"，而应该成为教学研究与实践的对象。

1.1.2　资本与投资

诺顿对认同的定义是同"资本"（capital）和"投资"（investment）概念紧密联系在一起的。她将语言学习比喻为一种"投资"，认为投资概念更能体现学习者复杂的社会身份和多重的学习愿望；通过学习语言，学习者得以获取更广泛的符号和物质资源（symbolic and material resources），进而使其"文化资本"（cultural capital）增值（Norton Peirce，1995）。文化资本是布迪厄提出的概念，指的是一种知识构成与思维模式，在特定的社会形式中，不同的知识构成与思维模式会对不同的社会阶层和群体起标志作用（Bourdieu et al.，1977）。布迪厄认为，社会是由充满不平等及主导性的权力关系构成的体系，因此，应该从话语权获得的角度来看待语言之于个人的意义（Bourdieu，1991）。人们根据不同的资源或资本做出语言使用上的选择，一个人拥有资本的数量，决定了他在社会空间中的位置，也决定了他的权力。这里的资本包括文化资本、经济资本以及符号资本（symbolic capital）。上文已经提及，文化资本对不同的社会阶层和群体具有标志性作用；而符号资本则是文化、经济和社会资本交换和转换的条件，是机构认可和合法化的权威和身份符号（刘永兵等，2011：123）。在任何一个群体内部，具有良好惯习（habitus）的人往往拥有较高的文化资本。所谓惯习，是人作为行为主体养成的持久存在的情趣系统，惯习的养成基于前期的生活经验，是人对外部世界的感知和行为模式。语言惯习是惯习的一种，是在实际的语言使用中所习得的一种性情，它支配个体的语言实践以及个体对言语行为在其他场域或市场中的价值的预测（Thompson，1991：17）。语言惯习具有持续性，但随着社会结构的转变，它也会动态地演变。教育（包括家庭教育和学校教育）则是惯习得以形成并传递的主要手段之一，因此，通过官方语言或合法语言（legitimate language），而不是其他语言形式来实施的学校教育便具有生产和复制文化资本的功能。官方语言的形成，与民族国家的创建过程同时发生，它的形成标志着统一的语言市场的形成，随之出现的是较完备的教育体系和教育资格认证制度，这样，支配者便可以利用语言和文化资本控制被支配者。从这个角度来说，语言的使用是有价值的，语言既是一种暴力符号又是一种权力媒介。"在语言市场上流通的，不应称其为语言，而应该是话语"（Bourdieu，1991：38—39），是社会使用中的、体现着各种权力关系的话语。布迪厄的语言思想根植于对社会现象的实证考察，坚持把语言使用看成一种社会现象，为从事语言学与认同研究的学者们提供了分析框架，开拓了研究视界。

至 2006 年，"投资"已发展成为一个"具有重要意义的解释性理论建构"（Cummins，2006：59）。针对数字化时代语言学习资源流动性与多样性的特点，达尔文和诺顿在 2015 年更新了"投资"理论，建构了新的理论模型。在新模型中，认同的概念与先前基本一致，但新模型强调意识形态（ideology）在认同建构中的作用，被认为是"占主导地位的思维方式，它组织并稳定社会秩序，同时确定融入和排他的模式，并将某些观点、个体和关系置于优势或边缘地位"（Darvin et al., 2015：44）。在新模型中，投资处于认同、资本和意识形态的交叉点上，学习者在语言学习上的投资并不仅仅是为了获取"象征性和物质性的资源"，还因为"可供性或可感知的好处"，即他们拥有的先期资本能够为下一步的学习提供可能性。

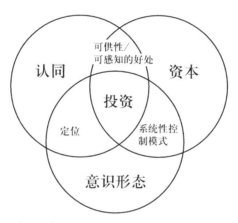

图 1.1 达尔文与诺顿的新投资模型（Darvin et al., 2015）

新模型中建构的关系可总结如下：意识形态建构惯习，惯习又影响身份认同的定位（positioning），即学习者在一个社区自我定位以及被定位的过程。学习者拥有的资本以及所期待的资本使自身的定位在学习环境中合法化，其认同便得到认可；又或者相反，由于不同社区间权力体系的差异，他们所拥有的资本可能并不被认可。在新模型中，这种关于资本、意识形态和认同三者之间关系的理论建构强化了语言学习与认同关系的共同要素，身份认同在某种程度上受语言和学习环境的影响，即人们会依特定的倾向去行动（惯习的影响），用一定的方式去思考（意识形态的影响）。如此，这一新模型就引导我们超越微观结构的掌控，去研究通过具体交际事件所呈现出的系统化交际模式（Darvin et al.，2015：42）。这种多元的构思强调了认同的多元性和动态性特点，以及资本价值在不同场景中转换的特性，扩充了我们对认同的理解。

1.1.3　性别

与认同概念的发展轨迹相似，语言教育领域的性别概念也由结构观和本质主义（essentialism）的立场转向建构观和后结构观。

本质主义的性别观把生理性别（sex）作为区分社会群体的标准，将男女两性视为在根本上不同的、一成不变的实体范畴。持这种性别观的语言教学研究者认为，通过对两性进行区别性考察，可以得到富有意义的结论，如埃尔曼（M. Ehrman）和奥克斯福德（R. L. Oxford）认为："女性更具社交技巧，于是更容易与目标语使用者建立起良好的社交关系，进而获取更多的交谈机会，提升学习动机。"（Ehrman et al.，1990：1）二语习得研究者埃利斯（R. Ellis）也认为："女孩子更注重合作……而男孩子则热衷于建立、维持等级关系，并维护他们在其中的地位。因此，女性'文化'导致女孩子经常要被动地面对由二语学习所带来的身份挑战。"（Ellis，1994：204）在我国语言学及语言教学界，这种观点也曾普遍存在，如黄崇岭认为女生在外语学习能力上优于男生是不争的事实，并从男女言语中枢的发育状况、语言听觉能力、语词视觉能力、学习态度、性格特征、语言特色等方面给予了解释（黄崇岭，2004）。另外，杨超美（1999）、于学勇（2005）等也有类似观点。

20世纪90年代，西方有学者开始对本质主义的性别观提出批评和质疑，认为它忽视了社会、历史、文化等因素对性别建构的影响，将性别视为静止不变的实体范畴，似乎对语境有免疫力（Eckert et al.，1992；Ehrlich，1997；Measor et al.，1992；Pavlenko et al.，2001b；Thorne，1993；Toohey et al.，1994）。在施门克（B. Schmenk）看来，这种观念直接导致了语言教学领域内性别偏见（gender stereotype）的产生。这一偏见不仅限制了学习者个体的发展空间，更误导了研究者的研究方向。女性语言学习者的人数多于男性，但这并不意味着女性在学习能力、兴趣或动机上一定占有优势，研究者应该把学习者作为个体，探究其在语言学习上做出种种选择的深层原因（Schmenk，2004）。

于是，学者们开始从建构观和后结构观的视角出发，将性别与认同结合起来，以探究上文提及的影响语言学习的种种"深层原因"。学者们这样定义认同与性别之间的关系：性别经由个体的认同得以显现，同时又与年龄、种族、社会等级、职业等一起参与构成个体的认同。正如卡梅伦（D. Cameron）指出的那样，近些年来，语言与性别研究的关键词由"不同"转为"多样化"（Cameron，2005）。也就是说，人们不再根据生理基础的不同对男女做群体性区分，转而将性别研究纳入建构主义的理论框架，视性别为一个处于特定文化、情景语境中的社会建构体，认为其建构是在个体与社会、文化及历史因素的共同作用下进行的（Davis et al.，2004：383）。这样理解的性别，不再是与生俱来、一成不变的人类属性，而是在具体语境下由个体的社会实践产生的；性别不具备普遍性，也不应被普遍化。后结构论的性别观则凸显社会历史、文化、语言诸方面的差异对性别建构的影响，如诺顿等人采取后结构观视角，将性别定义为"在具体语境中有区别地建构起来的社会关系与话语实践的复合体"（Norton et al.，2004a：504）。在后结构主义范式下，性别成为一种认同行为，关于性别的研究，实际上是关于动态、多元的性别认同的研究。

1.1.4　共同体

共同体这一概念是由拉韦（J. Lave）和温格（E. Wenger）在1991年首次提出的。"共同体这一术语并不意味着一定是共同在场、定义明确、相互认同的团体，也不意味着一定具有看得见的社会性界线。它实际上意味着在一个活动系统中的参与，参与者共享他们对于该活动系统的理解，这种理解与他们所进行的行动、该行动在他们生活中的意义以及所在共同体的意义相关。"（Lave et al.，2004：45）共同体被认为是一种对社会语境展开调查的理论模式，其中心思想是：一个人投身学习，并不是为了获取知识这一抽象的目标，而是为了参与他希望成为其中一员的那个社群的活动。因此，"学习的过程，也是学习者不断改变身份或认同归属，由边缘性参与者变为充分参与者，进而参与意义建构的过程"（高一虹等，2013b：283）。1998 年，温格发展了共同体的概念，将其定义为"一群有共同事业或对某事抱有同样激情的人们，他们在密切的交往中学习如何做到更好"（Wenger，1998：173）。

在女性的语言学习与认同研究中，埃克特（P. Eckert）和麦康奈尔 – 吉尼特（S. McConnell-Ginet）首次提出，应从基于共同体的实践活动的角度来理解与性别相关的语言行为（Eckert et al.，1992）。共同体承认性别认同与语言之间的动态关系，承认性别处于具体社交活动的情景之中，引导学者去关注语言变迁在性别认同建构中的作用，即性别化的社会认同如何通过社群的话语活动和实践而得以建构。这一提议得到不少学者的赞同，如帕夫连科（A. Pavlenko）和皮勒（I. Piller）就认为，共同体为多语言语境下的二语习得与性别、认同研究提供了一个有用的分析框架，帮助学者关注学习过程，考察性别介入不同实践的方式，并对共同体成员因性别而被边缘化的行为做出解释（Pavlenko et al.，2001b：23—24）。除此之外，安德森的"想象共同体"（imagined community）概念也被用来研究女性的语言学习与认同建构（Anderson，1991）。诺顿使用"理想的共同体"（desired community）来阐释想象的共同体，指出想象共同体与学习者的语言投资目标有关，与学习者的理想认同相连——"学习者对于目标语言社群里不同的成员身份进行不同的投资，那些被投资最多的成员身份极有可能就是想象共同体的代表，或为学习者接触想象共同体提供途径"（Norton，2010：356）。生活在充满不平等权力关系的社会，女性学习者尤其需要想象共同体来激发她们对某种语言的投资，因为在她们建构的想象共同体里，那些在现实中束缚她们发展的不平等的权力关系可能并不存在，这使得更高层次的认同选择成为可能。目前的研究者一般会探寻，想象共同体在多大程度上促进了学习者在课堂和目标语言社群内的有效投资。许多学者的研究都表明想象共同体和学习投入之间存在正相关性（Kanno，2008；Dagenais et al.，2009；Kendrick et al.，2008）。然而，有一个问题是笔者特别好奇的，也是诺顿关心的，即哪些因素参与建构了学习者的想象共同体（Norton，2010）。本书还想更进一步，发现这些因素参与建构想象共同体的方式，如此便有可能揭示出在民国初期哪些因素借助语言教育对民国新女性的认同产生塑形作用，民国新女性这一特殊历史背景下的中国女性认同，在多大程度上是女性的自觉建构，又在多大程度上是裹挟在男性主导的社会权力之中。

1.2　研究现状梳理

在语言学习与认同建构研究中，由于认同的特殊性，女性学习者一直是重点考察的对象（Pavlenko，2001a；Pavlenko et al.，2001b；Piller et al.，2004；Pavlenko et al.，2007c；等等）。《TESOL季刊》2004 年第 3 期曾以"性别与语言教育"（*Gender and Language Education*）为主题，并配发了实践手册《性别与英语学习者》（*Gender and English Learners*）来指导性别化语言教学。其他权威语言学杂志，如《应用语言学》（*Applied Linguistics*）、《现代语言杂志》（*The Modern Language Journal*）等，也都纷纷刊发关于女性语言学习的文章，令人感受到这一话题的蓬勃发展。

1.2.1　研究成果概述

20 世纪晚期，拉波夫（W. Labov）就对此课题产生了兴趣。他的研究发现，相对于男性而言，女性更倾向于使用权威的语言形式，且更愿意接受语言创新（Labov，1990）。埃克特的研究结果支持了拉波夫的观点，其研究揭示，女性的社会地位更多的是通过符号资本，而不是通过某种技术或所从事的活动来界定，因此，女性更期望通过学习或使用一种语言来获取文化和符号资本（Eckert，1990，1998）。布迪厄也持有类似的观点。他认为，与男性相比，女性的地位或社会认同更多地依赖于其社群身份的展示和社会交往（虽然这并不意味着男性未受或罕受符号资本的影响）（Bourdieu，1991）。

拉波夫、埃克特和布迪厄等人的研究，是在社会学或社会语言学领域内进行的。而自 20 世纪 90 年代中期开始，社会建构主义思潮开始影响语言学，特别是语言教育领域，越来越多的学者开始探讨女性的语言学习与认同建构之间的关系，希望通过这种途径更好地理解语言教育的本质，进而创建一种更加适合学生需求的教学内容和方式，以激发学生的学习动机，鼓励学生积极改变（Norton Peirce，1995；Norton，2000；Pavlenko，2001a；Norton et al.，2004a；Norton et al.，2004b）。学者们试图从涉及语言学习的心理及社会历史、文化等因素着手，去寻找个体在语言学习上产生差异的原因。其中，较有影响的是诺顿的研究（Norton，2000）。她以五位移民加拿大的女性英语学习者为研究对象，以日记书写、问卷调查、单独和小组采访，以及家庭访问等为语料收集方式，展开调查与分析。研究发现，移民女性的身份限制了她们使用目标语交流的机会，这影响了她们的语言学习；与此同时，移民母亲的身份又促使她们加大对英语学习的投资，因为英语是她们与孩子交流的渠道，也是她们保护孩子权益的手段。在历史和社会等因素的共同影响下，五位女性建构起来的认同影响了她们在教室内外的主体地位，以及她们同交流者之间的权力关系。正是她们处于变化中的认同，帮助解释了其在语言学习中取得不同进步的原因，反之亦然。

这一研究凸显了认同与语言学习之间的相互影响。一方面，语言学习作用于女性身份认同的转变；另一方面，社会、历史等因素也限制了女性的语言学习。兰道尔夫和杰农（P. Genung）的研究提醒人们，在外语课堂语境下，如果教学的内容和方式不能迎合学生的学习需求，那么，要想通过语言学习来激发学生建构新的认同，并不容易实现（Lantolf et al., 2003）。杰农是参与这项研究的作者之一，她在美国一所大学注册了一门中文课程。然而，在中文课堂上，学生们对教师的教学法非常反感，甚至充满了敌对情绪，杰农也不得不调整自己的学习动机以适应教师的课堂教学。最终她虽然坚持学完了课程，但中文学习并没有对她的认同建构产生任何积极的作用。此外，还有学者更进一步，试图发现语言政策如何对女性的语言学习和认同建构产生影响，金（A. K. King）与德菲娜（A. De Fina）的研究即为一例。两位研究者采访了 15 名移民美国的拉美裔女性，考察这些女性如何通过讲述自己的生活经历来表达她们对美国语言政策的理解，进而构建自我认同。他们得出的结论是：美国的语言政策使女性移民感到，这块土地上的社会政治环境具有"令人压抑的反移民的"倾向（King et al., 2010）。

总体来看，目前的研究主要关注两个焦点：一是语言学习作为女性解放自我、赋权自我的手段（Kobayashi, 2002；McMahill, 1997；Norton et al., 2004b；Piller et al., 2007；Wortham et al., 2013，等等）；二是语言学习过程中的边缘化现象，如女性被边缘化的社会认同限制了她们学习可带来较高文化资本的语言的机会，或语言学习对她们改变社会认同的贡献不大（Blackledge, 2001；Skilton-Sylvester, 2002；Warriner, 2004；King et al., 2010；Kobayashi, 2011；等等）。近年来，这一研究方向引发了越来越多的关注，从事这方面研究的学者大都承认，在双语或多语语境下，女性不仅双语化程度较高，且往往是语言转变的发起者（Holmes 1993；Pavlenko et al., 2001b）。

1.2.2 针对中国女性的相关研究

在对文献进行梳理的过程中，笔者遗憾地发现，中国女性从未成为专门的研究对象。虽然高一虹等（2013b）针对中国大学生英语学习动机与自我认同转变的研究发现，性别是影响认同转变的显性因素之一，表现为女性学习者在自信和生产性双语认同的建构上表现突出。然而，很少有研究将"性别"作为关键因素展开探讨。谷明月考察了中国香港地区语境下，大学生如何通过不同语言的使用来建构多元认同。虽然三位被研究者皆为女性，但性别并不是其研究的主题所在（Gu，2008）。Lu et al.（2014）是较少的尝试探究中国学习者性别认同与语言学习之间关联的论文。该论文试图探究性别主体（subjectivity）与 EFL（English as a Foreign Language，英语作为外语）阅读实践之间的直接关联，发现性别影响了学习者对 EFL 阅读的"投资"。对于女性来讲，EFL 阅读是一项"工作"，既令人渴望，又带来压力；而对于男性来讲，阅读是他们本就享有的一种"权利"，而非一种"渴望"，因而，他们往往不会热切地进行阅读。

可以发现，无论国内外，对中国女性的语言学习与认同建构的探讨都十分有限，还有很多工作有待开展。首先，虽然学者们大都承认社会因素与个体能动性之间存在互动发展关系，但目前的研究焦点要么落在个体选择语言及建构认同的能动性上，要么放在社会因素的制约力量上，并未勾画出一幅连续、互动的发展画面。认同的发展如同一曲和弦，各种社会因素犹如一个个音符，其中部分音符参与谱写了认同的发展（Wortham et al., 2013）。这些参与的音符就是处于连续、互动发展中的因素，只有通过对它们的考察，才能揭示语言学习和使用作为个体社会策略性活动的运作模式。然而，目前的研究大都限于探讨学习任务发生的微观语境，忽略了社会、历史等宏观因素，且考察的时限较短，多为一到两年，因此难以梳理出语言与认同发展的脉络。其次，语言学习与认同研究的最新趋势，如对认同和谐、连贯性的关注（Beijaard et al.，2004；Kanno，2003），对同一群体内部成员认同建构差异原因的探讨（Gu，2010）等，并未应用到对女性学习者认同的考察上。最后，虽然戴维斯（K. A. Davis）和斯基尔顿–希尔维斯特（E. Skilton-Sylvester）已指出，这一研究方向最令人期待的成果是将社会、政治及语言现象与教育和社会变革结合起来，未来的研究需要超越语言，创建更加人性化、多样化的语言教育理论，推动教育革新，以利社会变革（Davis et al., 2004），我们却还是发现，目前的研究多考察社会因素如何对语言学习和认同建构产生影响，以完善教学法和教学目的为终极目的，鲜有研究将理论贡献提升到寻求语言教育与社会进步的关联上。本项研究意欲在这方面有所突破，通过探讨在我国语言与文化发生大变革的民国初期新女性的语言学习与认同建构，来反观语言教育如何借由培养具有某种特殊认同的公民，来参与社会变革，为国家和民族的发展做出贡献。

第二章　研究方法

　　自传的叙事内容是研究语言社会化、情感表达和（二语）
自我建构、语言学习的社会影响因素、语言磨蚀和语言转变的
极佳工具，对于缺乏其他资料的史学研究和历时研究而言，它
亦是最佳的研究工具。

—— Pavlenko, A. 2008: 318

　　本研究主要采用个案考察和叙事分析两种研究方法，现分别
介绍如下。

2.1　个案考察

　　由于本研究探讨的是一段语言教育史，因此，在选取具体的
研究个案上有颇多需要注意的方面，首要的一点是需要资料上的
保证。本研究所收集到的一手资料有：

　　(1) 校刊、校史类资料

　　当时的四所女子高等教育机构的校刊和校史不仅记载了各自
发展历程中的重大事件，还刊有学生的习作，内容涉及学习过程
中的体会和感悟，以及对一些问题的思考。教师的言论与演讲内
容上面也有记载，且附有教师名单和课程表，以及管理机构对教
育理念、教学实践的具体指导意见等。这些资料不仅为我们勾勒
出了当时语言教育的历史语境，还为我们了解教育实践个体提供
了第一手素材。这方面的资料分别藏于北京大学图书馆、北京师
范大学图书馆、南京师范大学图书馆，美国史密斯女子大学档案

馆、纽约协和神学院伯克图书馆和耶鲁大学神学院图书馆。其中，女高师资料多藏于北京大学图书馆和北京师范大学图书馆，教会女校资料则以耶鲁大学神学院所藏最为齐全。

（2）出版及未出版的回忆录、照片集

这些资料包括关于教育机构的图片集，以及部分学生和教师的回忆录与私人照片等，所展现的细节可以弥补校刊、校史类资料的不足，有助于我们深入了解学习者。特别是回忆录一类资料对本研究尤其珍贵，因为这类资料揭示了"语言学习引发学习者自我反思的力量"，表明"学习一门新语言引起了学习者关于认同及渴望的思考：（在学习过程中）学习者面临的不仅仅是技术层面的问题（'我'怎么用这个语言来表达 X？），还有关于身份的复杂问题（当'我'用这种语言来交流时，我是谁？或者，当我使用这一语言时，'我'还是原来那个'我'吗？）"（Cameron，2000：91）。

传记类资料一般都有一个明确的主题，或注重梳理个人的成长，或注重其事业发展。部分教会女校的毕业生、教师的自传和传记性文献或藏于耶鲁大学神学院图书馆，或作为专著出版。如女高师毕业生黄英（笔名庐隐，1898—1934）有《庐隐自述》（2014）出版，程俊英（1901—1993）也有《程俊英教授纪念文集》（2004）可供参考，金女大毕业生徐亦蓁（1894—1981）有回忆录藏于耶鲁大学神学院图书馆，张肖松（1901—2008）有《张肖松博士手书回忆录》（2012）出版。

（3）日记、信件、课程作业、成绩单、访谈等

信件作为一种较自由的书写形式，更能反映出一个人的真实想法。部分女校学生以及教师，特别是传教士教师的信件、日记等，都系统可见。这些信件不仅记录了教师们的教育活动，以及她们对当时的教学情景以及教学实践的反思，还记载了学生进入社会后对语言学习以及个人身份认同的反思。这些资料多藏于耶鲁大学神学院图书馆，同时收藏的还有课程作业、成绩单、访谈资料等。

（4）其他资料

民国女校的师生还在杂志上发表文章，或将课程作业、习作、个人创作等作为专著出版。国家图书馆的民国特色文献不仅收藏了较为完整的民国期刊，如《教育杂志》（*The Chinese Educational Review*）、《妇女杂志》《新青年》《中华妇女界》等，还藏有一批珍贵的民国图书。这些特色资源为本研究充实资料提供了极大的方便。

这些丰富的资料保证了本项研究的可行性。

其次，如何选取既具有代表性，同时又能突出区别性特征的个案，在分析时能够上升至一般规律，而又不抹杀个体间的差异，也是十分重要的问题。姚小平曾指出："在语言教学领域，像在社会学上一样，个案就是个人，放大之后则是群体。研究的方式类似于医生处理病案，一个个案例地剖析，然后找出一些典型的案例，加以对比，从中得出规律性的东西。一般来说，我们把特定的群体当作一个完整的对象来处理，好像整个群体就是一个人。这种情况下我们突出的是类，是共性。但在针对群体的个案研究中，个性差异也是不可忽略的。个案研究就要说明类的共性和人的个性之间是怎样一种关系，个人在多大程度上体现了群体性质，或具有群体所无的特征。"（2006：54）以上述意见为指导，考虑到民国女校国立和教会主办并存的局面，以及国立和教会女校在语言选择、教育理念及方法上的不同，乃至这些不同可能导致的语言学习科目、过程、成果，以及学生认同建构的差异，本研究做出了如下个案选择：

在群体上，分别选取女高师和金女大作为国立和教会女校的代表。女高师是当时唯一的一所国立女子高等教育机构，其国语教育久负盛名，很有威望。位于北京的地理优势既使它深受五四运动的影响，也使它具有了聘用名师的便利。国学研究家陈中凡（1888—1982），新文化运动的代表胡适（1891—1962）、鲁迅（1881—1936）和周作人（1885—1967）等都曾在该校任教。

该校毕业生中不仅有著名的白话文女作家黄英（笔名庐隐）、冯沅君，更有后来的国学研究家程俊英教授。她们在国文的学习中成长，以白话文和国学知识为武器，为五四时期的新女性在人生观选择，追求自由、事业等方面做出了表率。金女大为民国时期最有影响的教会女子大学，英语不但是该校的行政语言和教学语言，更是一门重要的基础学科。金女大有一套独特的英语教育方法，其毕业生不仅以高水平的英语闻名，更因不菲的成就和独立坚韧的个性在全世界树立起了中国女性的崭新形象。金女大前四届共33 名毕业生，其中 20 名顺利取得美国高校的硕士或博士学位；许多女性在各自的专业领域成为领头人，在剑桥、哈佛、耶鲁等名校占有一席之地（吴贻芳，1983）。金女大的很多学生，不管其所学专业如何，在毕业后都从事于英语教学工作，思想和经济上均能独立。

　　在个体上，根据史料的丰富程度，并为了展示新女性之间人生轨迹的相似与不同，笔者在女高师群体中选择程俊英和黄英[1]为代表，在金女大群体中选择徐亦蓁（学校档案中名字拼写为 Tsü Ih-djen）、鲁桂珍（Lu Gwei-djen）和张肖松（Djang Siao-sung）为代表，共计五位学习者。她们的语言学习档案如表 2.1 所示。

表 2.1　五位女性的语言学习档案

姓名	所学语言	生长地与家庭背景	学习经历
程俊英	国文	福建福州传统知识分子家庭	自幼受母亲影响，熟读《四书》《五经》，尤其喜爱诵读《诗经》，立志做一名独立的女性。1917 年违背父亲的意愿，入读北京女高师。

1　黄英为本名，但"庐隐"更为人熟知，她的所有作品，甚至包括自传，都是以庐隐的名字发表的。本研究不是将她作为一位作家，而是作为一名真实的语言学习者，所以本书使用"黄英"本名，这是她作为一个学生存在的真实反映。

续表

姓名	所学语言	生长地与家庭背景	学习经历
黄英	国文	福建福州传统知识分子家庭	自小富有反叛精神，以国文学习为博得母亲赞许的手段。中学后开始教书却不能胜任，为提高自我知识修养而入读北京女高师。
徐亦蓁	英文	上海新精英阶层	受家庭环境熏陶，自小对英语感兴趣，8岁入教会小学学英语，希望能留学美国，14岁时因父亲瘫痪而被迫辍学，迟至21岁（1915年）在违背母亲意愿的情况下入读金女大，学习历史专业。
鲁桂珍	英文	江苏南京医学世家	从小对英语极度抵触，受启蒙老师影响，开始意识到英语对于民族和自我发展的重要性，自此愿意学习英语并入读金女大，学习化学专业。
张肖松	英文	湖北武昌小商人家庭	小时候入读教会学校，学习国文和英语，后兴趣偏向英语，全心向学，成绩优异，通过学校推荐，靠奖学金入读金女大。

2.2　叙事分析

语言教育/习得研究从结构观到建构观的范式转变，促使人们寻找一种与此相应的研究方法。有学者指出，研究认同的方法在本体和实践上都应是动态的，据此可以揭示认同的动态性和发展性（Hansen et al., 1997：573）。后结构观研究范式的采用，要求资料可以反映出社会、历史、文化等因素对性别、认同建构的影响，说明认同、性别的冲突性与复杂性。于是，叙事研究逐渐为认同研究者所采用。

国际学界的研究趋向表明，叙事研究在过去十几年内已成为社会科学领域创生知识的主要方法之一，有学者甚至认为，社会科学领域在方法论上出现了叙事转向（narrative turn）（Mishler，1986；Bruner，1990；Barkhuizen，et al.，2014；De Fina et al.，2015），这一点在妇女研究领域尤其突出（Patridge，2008）。叙事研究是一种属性鲜明的跨学科研究方法，它将叙事者关于自我知识及经验的讲述（访谈资料、日记书写、故事讲述、回忆录等）作为可靠的信息来源，通过分析这些叙事文本来探究讲述者在事件或事物中的经历。因为叙事研究关注的不仅仅是叙事文本的内容，还包括宏观的历史、政治、社会和经济语境对叙事文本及其内容的塑形力量，以及叙事者本身的语言意识形态和话语建构（Pavlenko，2007b：176—177），所以，叙事研究能够较好地揭示特定社会历史语境下个体或群体的认同建构。作为质性研究方法的一种，叙事性研究在资料收集与分析上有其独特的优点。它的最终资料呈现是一种话语文本，学习者通过这个话语来"塑造、调整经历，理解自我和他人的行为，把事件或客观事物组织成一个有意义的整体，把事件和行为同其结果相联系并预测未来"（Chase，2011：421）。言下之意，文本形成的过程，就是学习者梳理学习经历、建构自我认同的过程，这为研究者通过文本分析来深入剖析学习者的心理提供了可能。在这种观点下，学习者的学习故事被看作语言学习与认同研究的独特、丰富的资源，布洛克称之为"知情人的观点"（insider's view）（Block，2007：165）。在帕夫连科看来，这一属于解释学传统的资料收集方式为一直以来的实证性方法提供了有益的补充（Pavlenko，2002：213—214）。个人陈述性资料使研究者得以窥见学习者的学习动机，以及学习过程中出现的种种情感，如失落、纠结、挣扎、欣喜等；这些资料是自我的、隐私的、细节的，为研究者分析语言学习的本质、跟踪语言知识的发展轨迹提供了真实、详尽且富有启示的资料。如此，我们可以把叙事研究理解为一种双向的知识建构过程：它不仅是叙事者创生知识（梳理经验，建构自我）的手段，也是研究者获取信息、建构知识的手段。德菲娜等认为，叙事研究将知识和行为链接起来，这样的观点对于我们的研究目标尤为重要：如何利用叙事研究法，探悉语言教育与社会变革之间的关系，进而建构更具有社会进步意义的"行为方式"，即培养某种特殊人格的公民，推动以社会变革为导向的语言教育（De Fina et al., 2015: 5）。

宽泛而言，叙事分析（narrative analysis）亦是一种叙事研究，但严格来说，叙事分析与叙事研究确有区别，主要是在语料收集上。巴克休伊曾（G. Barkhuizen）、本森（P. Benson）和奇克（A. Chik）认为，叙事研究的资料有三种类型：口头叙事、书写叙事和多模态叙事（Barkhuizen et al., 2014）。口头叙事主要通过访谈获取资料；书写叙事通过日记、语言学习史、反思性教学日记以及叙事框架（narrative frame）等方式获取；而多模态叙事的获取则涵盖了除口头和书写之外的其他视听形式，如漫画、动画等。笔者希望指出，这三种资料收集的途径并不是泾渭分明、互不交叉的，混合性的使用亦较为常见。本项研究使用的是书写叙事，资料来源可以纳入语言学习史的范畴，以自传性文本为主，主要是其中关于学习者学习、使用或放弃学习、不再使用某种语言的叙述。因此，从严格意义上来讲，本书的研究应属于叙事分析。一直以来，在数据收集阶段，如何摆脱研究者对讲述者的影响是叙事研究面临的重大问题。这是因为，叙事性文本的资料收集过程往往是研究者（如教师、采访者、目标读者、研究人员等）与讲述者共同建构起来的。讲述者与研究者之间的关系，以及所处的社会、文化、历史语境等，都会对这一建构过程产生影响。本项研究的资料来源，很好地规避了这一问题。正如帕夫连科指出的那样，自传性文本由于不是应研究者的要求而写，所以最能摆脱研究者的影响，其数据也最真实可靠（Pavlenko, 2007b）。

此外，本研究还有如下资料作为补充：

（1）信件。五位学习者，特别是金女大学习者的信件和日记都完整地保存在耶鲁大学神学院图书馆里。这些信件和日记里有关于其语言学习和使用经历的详细、真实记录。

（2）访谈文本。女高师的程俊英有接受上海电视台记者采访的记录文本，金女大的徐亦蓁也曾接受耶鲁历史学博士亨特（J. Hunter）的采访，留下了文本记录。

（3）课程作业及学业记录。五位学习者的课程作业均完整可见，且保存方式多样，包括以作品形式发表在校刊上，以档案形式存于校史中，由后人整理成文集发表，或以特殊馆藏形式存于海外档案馆。这些资料虽需一定时间和精力才得以获取，但其完整性和丰富性保证了研究的可行性。这些课程作业能够帮助展示学习者的语言学习过程，以及这一过程中相关的情感和思考。我们还从校史档案中发现了五位学习者的学业记录，从中可以看到她们具体修习的科目及成绩。

（4）个人创作。女高师学生自编的《女界钟》《北京女子高等师范文艺会刊》两份杂志里有程俊英和黄英的个人创作[1]；金女大学生有中英文的校刊作为发表园地，徐亦蓁所属的第一届学生还编写并出版了名为《先锋》（Pioneer）的纪念册，记录了她们的四年学习经历。

下表总结了五位学习者的叙事资料的形式、来源及书写所用语言。

表 2.2　五位学习者的叙事资料集

姓名	叙事资料
程俊英	1.《程俊英教授纪念文集》，华东师范大学出版社，2004 年。
黄英	1.《海滨故人庐隐》，林伟民编选，人民文学出版社，2001 年； 2.《庐隐散文》，中国广播电视出版社，1993 年； 3.《庐隐自述》，安徽文艺出版社，2014 年。

1　程俊英的个人创作及部分课程作业多在《北京女子高等师范文艺会刊》和《益世报·妇女周刊》发表，后收入《程俊英教授纪念文集》；黄英的个人创作收入《庐隐自述》。

续表

姓名	叙事资料
徐亦蓁	1. 1974 年口述回忆录（未发表）（New, Y. T. Zee, Typescript ms.; Biographical material）； 2. 访谈资料（Questions for Mrs. New about the early Ginling years）； 3. 信件（Correspondences, Mrs. New, 1942）； 4. 学业文件（*The Pioneer*; *Student transcripts*, 1918—1931）。 （以上资料均为英文，藏于耶鲁大学神学院档案馆）
鲁桂珍	1. 微型自传（My autobiography）[1]； 2. 信件（Correspondences, Lu Gwei-djen, 1934—1947）； 3. 学业文件（Student lists and statistics, 1918—1931）。 （以上资料均为英文，藏于耶鲁大学神学院档案馆）
张肖松	1.《张肖松博士手书回忆录》，台湾大学出版中心，2012 年； 2. 微型自传（My autobiography）； 3. 信件（"My experience as a student in a Christian College in China", Correspondences, 1930—1939）。 （资料 2、3 为英文，藏于耶鲁大学神学院档案馆）

　　从表 2.2 可见，本项目可利用的资料具有多样性与客观性，同时也较为零散，缺乏连贯性。这是利用事先已存在的资料时所不可避免的问题，亦是有学者将这种叙事研究称为叙事分析（narrative analysis）的原因，因为研究者最大的困难，存在于文本分析阶段（Clandinin et al., 2000）。巴克休伊曾等学者指出，对于此类研究，在正式的分析开始之前，研究者应先确定所得资料在形式上是否为"叙事文本"（narrative form）（Barkhuizen et al., 2014：73）。所谓"叙事文本"，指的是那些已经以故事的形式存在的资料，如自传，以及鲁桂珍、张肖松的题为"我在金陵的第

1　鲁桂珍和张肖松的微型自传实为 English I 课程的命题作文，二人得分分别为 C^+ 和 A^-。

一年"的课程作业[1]；所谓"非叙事文本"，指的是那些尚无法形成一个完整故事的资料，如访谈文本，信件中的只言片语等。对于"非叙事文本"我们采取的做法是：或将其编辑成一个总结性的叙事，或抽取有用信息，融入大的故事框架，如自传中。另外，我们的资料中还存在语言的问题。程俊英的部分资料为文言文章，而金女大三位学习者的资料则是英语写成，且多为手稿，不仅数量庞大，更难以辨认。笔者的做法是：对于文言资料，先将核心段落译为白话，再请精通文言的学者帮助检查，是否有理解偏差；对于英语手稿，笔者先同一位本族语者一起辨识手迹，核准意思，再将核心段落译为中文。

在文本分析阶段，惯常的做法是利用内容分析来研究主题现实（subject reality），即通过分析文本的主题或内容，来考察书写者在事件或事物中的经历（Pavlenko，2007b：165）。使用叙事文本为资料的研究大都使用内容分析法，如 Sakui（2002）、Gao（2010）、Chik（2011）等。内容分析法能够帮助研究者发现在故事中一再出现的显性因素，进而提取主题词。这些主题对学习者而言是非常重要的影响因素，在前期的研究中或有可能并没有得到关注（Pavlenko，2007b：166）。几乎所有采取内容分析法的研究，其分析过程都是递归、反复进行的，包括对数据的再三研读和几轮反复分析。

由于本书所用的资料并不是专门为研究问题而写，所以，在分析的过程中，笔者保持相对开放的分析步骤。尽管文献综述帮助确定了先期的主题"语言学习"和"性别认同"，但在分析文本、归类主题的过程中，笔者对新出现的主题十分注意，并据此重新组织小节标题，目的只有一个，便是确定对民国女性的语言学习和认同建构产生影响的关键因素。最终，我们确定了如下四

---

1 均收于耶鲁大学神学院图书馆 "Handwritten essays by Chinese women students at Ginling College"，1922-1923. CRP-MPP RG 8, Box 321。Folder 3 为张肖松的资料，Folder 8 为鲁桂珍的资料。

个分析主题：

　　（1）非同质的新女性认同；

　　（2）语言意识形态；

　　（3）权力关系（社会权力关系，不同语言间的权力关系）；

　　（4）资本（语言资本、文化资本、符号资本）。

　　在确定了四个分析主题后，需要建立它们之间的理论关联。在这一阶段，我们确定了本项研究所用的理论框架，即以布迪厄的语言资本说与共同体理论的结合为基础，并参考达尔文和诺顿新投资模型中对资本、意识形态和认同三者关系的理论建构（Darvin et al., 2015）。在确定理论框架后，再一次研读文本，确定所抽取主题词的恰当性。

　　帕夫连科、米勒等学者一再强调文本所处的语境、文本内容与文本形式三者之间的相互依存关系（Pavlenko, 2007b；Miller et al., 2013），这亦是本书在文本分析时的指导原则。在概念体系中，文献综述部分已经指出，在承认后现代主义对认同的多元性与破碎性认识的基础上，也应关注认同的连贯性与和谐性，即：个体是如何将不同的自我联系起来，以建立生活的目的感、方向感和归属感的（Block, 2007；Giroir, 2014）。本书将努力从全人的视角来理解叙事者。

第三章 民国女性语言教育的背景

> 英文固属在今日为不可缓的学科，可是我们觉得中文也不可忽略。因为……社会上所最通用的，就是中国文。要是你中文不通那怕你在金陵是个超等生，你的学问好到什么地步去，仍是不免要被人非难和窃笑。
>
> ——幽清，1925，2 (1)：4[1]

3.1 语言教育格局的形成

民国时期的中国，是一个在经济和政治上依附于西方强国，在思想和文化上处于西方理念强势影响下的半封建半殖民地社会。这种经济、政治、文化的状况形成一股合力，促生了民国时期特殊的语言教育格局。这种特殊的语言教育格局，是中国传统文化理念与西方现代文化理念、白话派与国故派等各种对峙的力量激烈角逐的结果。

3.1.1 国语教育体制形成

19 世纪后半叶，我国知识阶层开始反思国家贫弱、民族危难的深层原因。一些人士认为，"文""言"分离的语言形式是阻碍知识传播的主要因素，主张改革文言以启发民智、普及教育[2]，

---

1 幽清（此为笔名）：《对于金陵之希望》，载《金陵女子大学校刊》，1925，2 (1)：4。
2 如梁启超痛切地感到，"言文不一致，足以阻科学之进步"，要"及早造成一种国语，用以编纂教科书以利教育"。参见顾黄初、李杏保：《二十世纪前期中国语文教育论集》，成都：四川教育出版社，1991：13。

于是促成了国语运动。1913 年 2 月，为顺应知识界统一国语的呼声，北洋政府教育部成立了"读音统一会"，以审定国音，采定字母标记音素，我国第一套"注音字母"于是得以创制。1915年，国人对传统语言文字的否定达到顶峰，有留美学生提议"废除汉字，改用字母"。这种激进的主张遭到同时期留美的胡适、赵元任等人反对。胡适从历史角度思考了文言文与白话文的关系，提出"文学的国语，国语的文学"这一口号，把国语运动和文学革命联系了起来（顾黄初，2001：71）。1919 年五四运动开始后，国语的推行又和白话文运动结合起来。蔡元培认为，白话是"通行于今人喉舌"的"活语"，在文言与白话的竞争中，"白话派一定占优势"[1]。自此，我国延续了千年的"文""言"分离的语言状况开始改变，国文、国语教育成为教育界、文学界、语言学界以及社会各界普遍重视并深入探讨的一个大问题（李杏保等，1997：6）。

所谓国语，即中华民族的国家语言。"为什么要有国语？一是对国外的防御，一是求国内的统一"[2]，蔡元培的这种观点代表了当时知识阶层对国语的重视程度。1920 年 1 月，北洋政府教育部通令全国学校，将一、二年级"国文"改为"国语"，随后又要求中学改"国文"为"国语"，这标志着国语作为官方语言的地位得到政府的承认。随后，反映"民主""科学"精神、与现实生活密切关联的内容开始在教科书中出现。然而，文言、白话孰优孰劣，"文""白"在国语教授中各占多大的比重，到底是用"国文"还是"国语"来指称这一新的官方语言等，却处于持续的争论之中，种种激进、矛盾的言论每日见于报端。由此可以想见，民国初期的国语教育尚不成熟，处于摸索、试验的阶段。这一时期关于国语教育的探讨，基本上是针对中、小学的，直到 1922 年，才开始有面向中学以上及师范的国语教育的文章和专著出现，如梁

1　蔡元培：《国文之将来》，载《新教育》，1919，2（2）。
2　蔡元培：《在国语讲习所的演说》，载《晨报》，1920 年 6 月 25 日至 26 日。

启超《中学以上作文教学法》（1922）、钱基博《新师范讲习科用书：国文》（1924），以及黎锦熙《新著国语教学法》（1924）等。为求术语的统一，本研究将这一时期的中文教育统称为"国语"。我们这样做，是以这一时期官方文献的用语为参照，并与"英语"相对而言的，但在引用文献时，仍将保持所引文本的原貌。需要指出的是，新派知识分子聚集的某些国立学校是国语教育政策的主要制定者和实施者，如北大以及受北大深刻影响的女高师。在胡适、鲁迅、蔡元培、陈中凡、周作人等的努力和影响下，这些高校内部逐渐形成了相对完善的国语教育政策，推动了整个中国国语教育体制的形成。

3.1.2 英语教育体制化

19 世纪 40 年代以后，西方列强对中国的影响乃至控制日益加深，面对国家积弱的局面，有识之士将西学视为救国的良药，而英语则被认为是通往西方世界、研习西学的工具。讲一口流利的英语不但是寻找一份体面工作的必需，也成为身份地位的象征。英语更成为留学欧美的必考课程。"偶将音语学西洋，首戴千金意气扬。"[1]英语成为当时最为流行的外语，开始正式进入课堂。在上海，英语甚至融入了人们的日常生活，形成了一种洋泾浜语言。

在那时的语言教育体系中，教会学校因其在师资、教学资料、教学方法等方面的优势而成为英语教学的主要机构。实际上，教会学校正是以高水平的英语教学吸引生源，它们一度是我国最重要的外语人才培养基地。当时从事英语教学研究的人员主要是教会学校的传教士教师。

然而，教会学校开设英语课程，并不像我们想象的那样顺利。虽说当时国人中间已开始出现一股学习英语的热潮，传教士们在是否应当教授英语的问题上仍然存在分歧。美国圣公会牧师

1　顾炳权：《上海洋场竹枝词》，上海：上海书店出版社，1996：87。

卜舫济（Francis L. H. Pott）、美以美会牧师力为廉（William H. Lacy）和李承恩（Nathan Plump）等支持在教会学校开办英语课程，他们力陈教授英语的重要性，认为这样做不但能吸引学生，而且有助于传播西方知识，甚至能改变中国人的思维方式和信仰。这一主张遭到狄考文（Calvin W. Mateer）、谢卫楼（Devello Z. Sheffield）等人的激烈反对，认为学生在短时间内无法掌握英语，而学了一段日子他们觉得够用了，就会退学去找工作，所以，从宣传教义的角度来讲，教授英语纯属浪费（朱峰，2002：47—48）。是教英语，还是不教英语，成为1880年上海传教士大会上激烈争论的一个问题。尽管存在不同意见，国人对英语的需求却促使越来越多的教会学校开设英语课程。中华基督教教育会第二届年会（1896，上海）举办后，几乎已听不到反对的声音，英语的教授最终成为主流（季压西等，2007：392）。

在参阅各类史料的基础上，关于民国时期英语教育政策的情况本书形成如下表格，按照时间顺序排列：

表 3.1　民国时期英语教育政策变更情况一览表[1]

年份	文件名称	具体政策条目	特点
1912	①《小学校令》②《小学校教则及课程表》③《专门学校令》	《小学校令》：高等小学可视地方情景加设英语课或别种外国语。《小学校教则及课程表》第十五条："英语要旨，使儿童略解浅易之语言文字，以供处世之用。"第十八条："每周减少他科目三小时，为其教授时数。"《专门学校令》：改清末高等学堂为专门学校，将外语列为各类专门学校的必修科目。	英语开始进入国立学校课堂，但无硬性规定或具体授课要求

1　根据陈元晖：《中国近代教育史资料汇编：学制演变》，上海：上海教育出版社，1997；李良佑、张日昇、刘犁：《中国英语教学史》，上海：上海外语教育出版社，1988；陈学恂：《中国近代教育史教学参考资料》（上册），北京：人民教育出版社，1986。

续表

年份	文件名称	具体政策条目	特点
1913	①《中学校令施行细则》 ②《大学规程》	《中学校令施行细则》：每周7—8课时，与国文并列或高于国文。"中学开设外语课程，以英语为主……要旨在通解外国普通语言文字，具运用之能力，并增进知识。外国语首宜授以发音拼字，渐及简易文章及读法、书法、译解、默写，进授普通文章，及文法要略、会话、作文。" 《大学规程》：设立专业英语系，专业英语教育课程包括"英国文学""英国文学史""英国史""文学概念""中国文学史""希腊文学史""罗马文学史""近世欧洲文学史""言语学概论"等。	中学、大学阶段的英语教育目标逐渐清晰；课程及课时开始有详细规定
1916	《高等小学校令实行细则》	"各地可根据本地实际情况在高小阶段第二或第三年开设外国语课程。"	小学阶段依然无强制规定
1922	壬戌学制《新学制课程标准纲要》	初中外国语占36学分，高中16学分。外国语课程纲要开始由专业人才编写。	学分仍旧与国文并列或高于国文，课程纲要逐渐专业化，向英美标准接近
1923	《专门以上学校指南》	36所高校，其中16所设有英文系。	国立高校英语教育逐渐成型
1935	《修正中学学生毕业会考规程》	初中、高中学生必须学习英语。	确定英语作为主要外语的地位
1938	《文、理、法三学院共同必修课目表》	整理要项第三项："国文及外国文为基本工具科目。在第一学年终了时应举行严格考试。外国文需继续修习，至达上述标准，始得毕业。"文学院和理学院学生"每两周须作文一次"。	对英语能力的考察标准逐渐清晰
1941	《修正初级中学英语课程标准》	"使学生练习运用切于日常生活之浅近英语；建立进修英语之良好基础；从英语方面发展其语言经验，加增外国事物之兴趣。"	对英语的认识，逐渐由工具性向人文性转变

由表 3.1 可见，民国教育管理部门频繁地颁布了一系列英语教育政策。总体而言，与英语相关的规定日益完善，教育的理念也由工具性逐渐过渡到人文性。一些学者的研究也指出，这一时期课程的标准化、专业化程度显著提高，国立高校在招募师资、编写教材上着力颇多，许多学者大师参与了教材编写和课堂教学工作（朱芳，2010；刘托平，2011；王婷，2018；等等）。这一时期也出现了一批经典英语教材，如周越然的《英语模范读本》（商务印书馆，1918）、林语堂的《开明第一英语读本》（开明书店，1928）、林汉达的《初中英语标准读本》（世界书局，1927）等。虽然如此，由于教会学校在师资、教学资料、教学方法等方面都占有绝对的优势，其在初等教育、中等教育和高等教育的衔接上也更具系统性，是当时英语教育的主要实施机构，而国立学校的英语教育则相对薄弱。

在女性学习英语这件事上，与之相关的具体政策体现出与男性的不同，比如 1913 年的《中学校课程标准》中关于外国语的课时规定是男生 7 课时，女生 6 课时。1915 年的《预备学校令》第四条规定，"男子加外国语，女子加家事课"。与男性相比，虽然国立女校也开设英语课程，但无论在课程设置还是在师资上，都与男校相距甚远。1920 年，女高师成立外国语部，注明暂以英语为主；1922 年，改部为系，成立英文学系。但由于缺乏师资、教材等，英文学系始终没有开出像样的课程。在这种情景下，教会女校就成为中国女性接受英语教育的理想选择。从 1910 年起，英语逐渐成为教会女校的必修课程。很多教会女校将英语作为教学语言，以高水平的英语教学来吸引生源，并希望学生能够通过英语接触、了解西方思想，进而改变中国的现状。华南女子大学校长卢爱德（Ida B. Lewis，1887—1969）认为英语是研习科学最好的媒介，英语之于中国就如同文艺复兴时期的拉丁文之于英国[1]。

---

[1] I. B. Lewis. Higher education of women in China, *Educational Review*, 1917 (9): 272-278.

3.2　教育领域的语言意识形态

清末民初，中国知识界普遍抱有双重的期望：一方面，企盼社会稳定得到维护；另一方面，希望进行改革，建立一个富强民主的新社会。当时国立女校的语言教育，便处于这种革命思潮与保守观念双重作用之下。人们希望通过语言教育来灌输一种崭新的理念，培养出新一代中国女性。这样的新女性应该既是贤妻良母，又是高素质的国民。而在教会女校，教育者所奉持的教育理想是：按照西方的标准，同时又立足于中国实际，培养出一批中国新女性，她们要能扎根民众，传播西式理念，进而改造中国。这种教育理想同样也在语言教育中得到呈现。可是，民国时期中国教育界的当权者们，却是中国的男性和来华西洋传教士，当时的女子语言教育实际上是他们实现自身社会理想的一种手段。下面我们将会看到，民国时期的女子语言教育自诞生之日起就明显带有社会改革的性质。

3.2.1　培养"活生生的人"

清末民初，有学者认为，是"女子无学"导致了国家的衰落和民族的危亡，"推极天下积弱之本，则必自妇人无学始"[1]，于是，培养"上可相夫，下可教子，近可宜家，远可善种"的"良妻贤母"成为女子教育的目标。这种良妻贤母的教育观直接导致了女子国语教育的保守性：文言仍然是教学的重点；白话虽然也要学，教材却选自宣扬传统妇德的书信类资料。部分男性精英认为，对女性而言，能够学会以优美的字体、清晰的语言来书写，就足够了。

1918 年，胡适在北京女子师范学校（后来的女高师）发表演

1　梁启超：《梁启超全集》（第一卷），北京：北京出版社，1999：30。

讲，题为《美国的妇人》。在这次演讲中，他提出了"超良妻贤母主义"的女子教育观，引领了五四时期女子教育的新方向。也是在"五四"白话文运动的影响下，众多学者开始反思国语教育的功能和目标。王森然认为："一国的言语文字，是国民思想感情所由传达的媒介。……所有新人生的启示与指导，理想世界的显现，非有语文之传达，何由表布？"（1929：3—5）叶圣陶也指出，国文教育要以"养成善于运用国文这一工具来应付生活的普通公民"为目标，要通过国文教育来培养活生生的人，而不是旧式的"活书橱"和"学舌鹦鹉"（1980：87）。这种积极的国语教育观，为女子学习白话和通过语言接触新思想、新理念提供了空间。1917年，女高师的前身——北京女子师范学校——以"国文专修科"为先行试点进行改组，在设置教学大纲时把国文列为该校最主要的一门课程，这使我们看到女子国语教育观的改变：女性开始有机会接受中国语言文学的系统训练，并在"五四"名师的指导下学习、运用、研究白话文，以新的语言文字形式评论时事，并参与社会变革。1919 年，时任北京大学校长的蔡元培就在女高师所做的一次演讲中明确指出："高等师范的学生，是预备毕业后，做师范学校的教习的。……应该把白话文作为主要。至于文言的美术文，应作为随意科，就不必人人都学了。"[1] 从以上描述的情形我们可以推知，女高师是白话文推动者进行实验的宝贵园地之一，女高师的学生们则是白话文运动的先驱们精心播下的一粒粒传播新语言、新理念的种子。

3.2.2　用"好的现时代的中文"表达科学

五四运动后，国立女校的国语教育逐渐改为以白话为主，但对教会女校来说，这不是那么容易的事。虽然早在 19 世纪末，已有传教士教师认识到中文的重要性，提议将中文作为教学语言，

认为中文教育是深刻影响学生人格的基本要素[1]，但国语教育在教会学校的推行一直困难重重。以金女大为例，德本康夫人在该校建立的第一年就要求重视国语的学习，认为学生应能在所有科目中用"好的现时代的中文"（即国语）来表达，而学校教育必须让学生获得这种能力。她对中国教员使用英语教学表示失望，例子之一是，教化学和几何的归国留学生李玛利（Miss Ma-li, Lee，1915—1916 年任教金女大）无法将英文术语译为中文，也写不出通顺的中文文章。德本康夫人认为，发生在李玛利身上的这种情况正是学校应该加强中文教育的理由[2]。然而，从该校 1915 年的课程大纲中，我们发现，虽然国语有详细的课程安排，在教职员名单中却找不到任课教师，仅有一条注解，称将会有一位任教文言的教师加入。而且，所有课程都标有具体上课时间，唯独中文类课程没有任何课时安排[3]。在该校 1925 年发表的校庆十周年纪念校刊里，一位编辑毫不客气地指出，同英语相比，金女大的国语教育太过薄弱，一无教材二无师资，学生对国语学习也毫无兴趣[4]。直到 1927 年，该校才成立中国语文系，而这一举动在很大程度上是迫于当时蓬勃兴起的民族主义运动的压力。

3.2.3　"女子不宜多读西书"

我国女子接受正规的英语教育这件事情，与教会女校的开

1　如 1890 年，狄考文倡议教会学校把教学语言由英文改为中文。他提出四点理由："只有全面的进行中文教育，才能对学生有帮助。……这在很大程度上防止了孩子中途辍学所造成的浪费，同时可以造成深刻影响他们人格的基本条件；本国语言的全面教育，是一个人在本国人民群众中取得学术声望所必需的；中文教育能使人有效地应用他的知识；中文教育引导受教育者与人民打成一片并且影响他们。"参见陈学恂：《基督教在华传教士大会记录，1890》，见《中国近代教育史教学参考资料》（下册），北京：人民教育出版社，1987：14。

2　"Matilda Thurston to Calder Family", 11 May 1919, MCT, Box 2, 2.12. Burke Library Union Theological Seminary.

3　"Bulletin of Ginling College 1915", Box 7 Publications, Folder 3. Smith College Archives.

4　Djang Siao-mei. "Editorial", in *Ginling College Magazine*, 1925, 2 (1): 38. Box 9 Publications. Smith College Archives.

办联系紧密，却并不同步。早在 19 世纪 40 年代，就有西方传教士来我国开办女校，然而在这一时期，英语还未被纳入女子学习的科目。早期，有些女传教士对中国女子学习英语持反对态度，认为英语学习不仅毫无用处，还会对"女学生在家庭中的良好作用起极坏的影响"（Robert，1996：179—180）；甚至以为，学习英语会使女学生"沦为西方商人的情妇"（Lutz，2002：20）。教会女校尚且如此，国立学校在女子学习英语的问题上就更加保守。迟至 1904 年，作为中国教育改革的推动者之一，张之洞（1837—1909）还认为"少年女子……不宜多读西书，误学外国习俗，至开自行择配之渐，长蔑视父母夫婿之风"（朱有瓛，1989：573）。

3.2.4 "中国女性需要英语"

然而，随着西方势力对我国经济命脉的控制加剧，以及在思想、教育领域的强势渗透，国人对英语日益认可，女性也开始要求学习英语。金女大校长德本康夫人在建校之初便强调英语独特的地位：

> 英语是中国人接触外部世界的唯一通道，拥有所有古典和当代语言在我们教育体系中所具有的价值……要同世界保持联系，她们 [中国女性] 需要英语……多开设英语课程，我们就能吸引更多的学生，特别是那些来自更好社会阶层的学生。[1]

两年后，华南女子大学校长卢爱德也强调了英语对于女子教育的重要性：接受高等教育的女性可以从事四个方面的工作，或从事家政，或当作家、教师，或成为宗教工作者。所以，女子高等教育课程的设置也需配合这些方面的社会需求，开设中文、英文、社会科学、教育、宗教等课程。

---

1 Matilda Thurston. "Personal Report of Mrs. Lawrence Thurston", August 1915, MCT, Box 10, 10.5. Burke Library Union Theological Seminary.

在教会女校的影响下，国立女校也开始开设英语课程，如北京女高师要求学生每周修习英语不得少于 3 小时。1920 年，女高师成立外国语部，注明暂以英语为主；1922 年，改部为系，成立英文学系。但由于缺乏师资、教材等，英文学系始终没有开出像样的课程。

3.3　女子高等教育机构案例分析

对语言学习背景的考察是本项研究的重要组成部分，因为只有明确了民国女性语言学习的环境，才有可能对历史文本进行客观、深入的解读，去细细探寻民国女性的语言学习与当时特定的社会文化环境之间的关系。如果说上文对语言教育格局和语言意识形态的介绍，构成了民国女子语言学习的宏观语境，那么，本节对女高师和金女大语言教育理念、课程设置和授课模式的梳理，则是我们对微观语境的详细解剖。

3.3.1　案例一：北京女子高等师范学校（1919—1924）

女高师的前身可以回溯到成立于 1908 年的"京师女子师范学堂"。它的诞生是当时女学发展所驱，同时又是清政府规范女学、设立"样板"的举措（何玲华，2007：15）。这一点可以从它的教育目的中清晰感受到："总以启发知识、保存礼教两不相妨为宗旨，以期仰副圣朝端本正俗之致意"[1]。1912 年 5 月，"京师女子师范学堂"改名为"北京女子师范学校"，教育目的随之调整为"以造就小学校教员及蒙养园保姆为宗旨"[2]。随着华北协和女子大学、华南女子大学和金女大等教会女子高等教育机构的依次成立，

1　璩鑫圭等：《中国近代教育史资料编：实业教育·师范教育》，上海：上海教育出版社，1994：574。
2　《北京女子师范学校一览》，1918 年，北京师范大学图书馆。

人们迫切希望能有一所国立女子高等教育机构，为求深造的中国女性提供机会。于是，该校 1917 年以"国文专修科"为先行试点进行改组，并于 1919 年 4 月正式改制为"北京女子高等师范学校"，简称"北京女高师"，成为当时唯一一所国立女子高等教育机构。文科是女高师的实力所在，而国文国语的学习又是重中之重。在国立女学界的特殊地位，再加上毗邻北大的地理位置，使女高师不仅享有聘请国语名师的便利，更得"五四"新文化风气之先，成为白话文推广的阵地之一。如此背景之下，女高师学生的言语行为一度成为国人检测语言教育改革和女性解放成效的试金石，而她们也以语言为媒介，勇敢表达自我，抒发情怀，成为中国女性书写史上一道独特的景观。下文将分别介绍女高师的语言教育理念、课程设置和授课模式。

语言教育理念

上文已经提及，国语的教授是女高师的优势及重心所在，该校在官方文件上对其国语教育理念有明确的说明："解普通言语及文字"，"能以文字自达其意"，以期于"涵养趣味，有裨身心"[1]。也就是说，女高师不仅对学生的语言能力提出要求，更对其语言使用设定了规则：在读写能力达到一定水平之后，要通过语言文字的应用来提升涵养，陶冶情操。当然，这是一个较为笼统的表达，蕴含着当时教育者对理想女性的期望。作为教育理念的具体实施者，任教女高师的"五四"名师们对这一理念做出了各自不同的阐释。

1918 年 9 月，毕业于北大哲学系的陈中凡受聘女高师，后于 1919 年 9 月出任国文部主任[2]。他吸取蔡元培北大革新的经验，以兼容并包的态度广聘名师。在他的任期内（1919 年 9 月—1921 年

1　璩鑫圭等：《中国近代教育史资料编：实业教育·师范教育》，上海：上海教育出版社，1994：765。

2　女高师的文科最初以"国文部"冠名，内分哲学、文学、教育学、史地学四组；直到 1922 年校长许寿裳改"部"为"系"后，"国文系"才等同于现代学科体系中的"中文系"。

9月），女高师名流济济，新旧人物共聚一堂。他不仅邀请蔡元培来女高师讲演，还聘请诸多名师来校任职或担任兼职教授，如国故派有黄季刚、钱玄同、顾震福、胡光炜等，改革派有胡适、鲁迅、周作人等。正是这批社会精英的语言思想，成就了女高师在女学界独领风骚的国语教育格局。

　　1919年11月，蔡元培应女高师校长毛邦伟和国文部主任陈中凡之邀，在女高师做题为《国文之将来》的演讲。开篇他就断言："国文的问题，最重要的，就是白话与文言的竞争。我想将来白话派一定占优势的。"他将白话定义为"是用今人的话，来传达今人的意思，是直接的"，而文言则是"用古人的话，来传达今人的意思，是间接的。间接的传达，写的人与读的人，都要费一番翻译的功夫，这是何苦来？"[1]这样明确直接的语言思想，对当时沉溺于骈文写作的学生可谓是一个震撼，一次思想上的洗礼。胡适在任教女高师之前已经名声斐然，在女高师他担纲"中国哲学史"一课。凭借他的个人影响，《新青年》成为女高师最受欢迎的读物之一。据学生回忆，胡适在课上重申了他在《文学改良刍议》中提出的"八不主义"，使听课者受到巨大的震动。他的主张，以及他的身体力行，如创作新诗、在课上使用"崭新的白话文讲义"等，促使学生转变观念，认为文言文是"堆砌词藻，空疏无物"的，转而使用白话写作[2]。周作人是另一位对女高师的国语教育理念产生直接影响的人物，他于1921年至1927年任教于女高师，讲授"西洋文学史"。任教期间，他先受女生自治会的邀请，于1922年6月做了题为《女子与文学》的专门演讲，后来又应《北京女子高等师范周刊》之请，作了《女子的读书》一文。在《女子与文学》的演讲中，周作人指出："过去妇女做诗，只落得收到总集里去的时候，被排在僧侣之后，娼妓之

1　蔡元培：《国文之将来》，载《新教育》，1919，2（2）。

2　程俊英：《回忆女师大》，见朱杰人、戴从喜《程俊英教授纪念文集》，上海：华东师范大学出版社，2004：346；钱用和《追述往事·敬悼胡师》，见冯爱群，《胡适之先生纪念集》，台北：学生书局，1973：22—25。

前。"他提醒女高师的学生们，"现在文学的观念全然变了"，现在的文学以"个人主义"和"人道主义"为基本内核，鼓励女生使用新的文学形式来表达自我，"因为表现自己的与理解他人的情思，实在是人的社会生活的要素，在这一点上文学正是唯一的修养了"[1]。

正是由于这些导师们在语言观上的指导与鼓励，女高师学生对学习白话文产生了巨大的热情。她们冲破当时关于女子语言使用的陈规，不再局限于风花雪月的诗词创造，而是利用白话文书写自我、针砭时弊、用演讲、话剧等形式来抨击旧道德、传播新理念，成为一代新女性的精神先导。

以上我们梳理出了女高师的国语教育理念。那么，女高师又如何看待英语的学习呢？在这方面，我们所能找到的相关史料很少，发现的只有陈中凡就英语教育明确表达了看法："习英语之目的，在介绍域外文化，转输于国人；必兼通国文，乃能重相印证。"[2]他原本计划将女高师的国文部划分为文学哲学、文学史地、国文英语三组，实行选科制，让学生"各就性之所近"，自由选择。然而，由于经费拮据，国文部最终只成立了文学哲学和文学史地两组。

课程设置

民国初期的国语教育处于我国语文教育改革的初始阶段，具有文白转型期的典型特征，即：由最初的以传统小学、经学为主，侧重讲读和写作，传授浮泛的国文常识的课程设置，逐渐过渡到对学生进行系统的学科训练，并加入有关白话文应用和研究的内容，开展文言与白话的比较研究。这样的课程设置，目的在于培养通才和优秀的国学师资，以及初具学术素养的古典及现代文学创作者和研究者。比起传统的女子语言教育，女高师的语言类课

1　周作人：《女子与文学》，载《晨报副刊》，1922 年 6 月 3 日。
2　《文科国文部学科课程一览并说明》，《北京女子高等师范文艺会刊》，1922 年第 4 期，附录，中国国家图书馆。

程设置虽已颇有进步，却仍带有某种性别偏见。具体说，女生所学不再局限于传统女学，如《礼记·内则》《女诫》《女论语》《内训》《女范捷录》等，而是学习和男性等同的内容，这是一个进步。然而，女高师在设计课程时却故意降低难度，这多少显得有点性别歧视。这一点在 1918 年校长方还写给陈中凡的信中展露无遗：

> 顾迩来学子素无根柢，属在中梱，尤形薄弱，国文专修科三年毕业，经学、小学，应讲大义，而察酌实情，视有未能。盖原书未读，无从指示源流，应请先生将《说文》部目先行教授一通，嗣后或取王贯山释例之类示以大义。至经学一门，鄙意先讲《春秋左氏传》《尚书》，取其可作国文读也。盖名为专科，实初学耳。[1]

在这种精神的指导下，1918 年该校教育国文专修科的课程设置呈现出表 3.2 的面貌。

表 3.2　北京女子师范学校教育国文专修科课程[2]

第一学年	周时	第二学年	周时	第三学年	周时
说文 经学大义 诸子源流 国文讲读作	12	说文 经学大义 国文源流 国文讲读作 练习评点	10	练习各种应用文字评点及评改方法	10

我们可以看到，1918 年的课程设置只是在教授国语常识的基础上，加上一项为教学所必须的技能而已。这时的课程较为薄弱，如同备注中阐明的一样，"教育国文专修科以养成女子中学或师范学校中学之教员及管理员为宗旨"，教育目的只是培养单纯的"教书匠"。1919 年 9 月，陈中凡出任国文部主任，开始改革

1　《方还致陈中凡书信》，见吴新雷等，《清晖山馆友声集——陈中凡友朋书札》，南京：江苏古籍出版社，2001：546—549。

2　《北京女子师范学校一览》，1918 年，北京师范大学图书馆。

女高师的文科设置。他在《本部教授旨趣》中声言："国文部讲授中国历代广义狭义之各派文学，并参授域外文学，及有关系之各种科学哲学，一为比较研究之用，其造就中学及初级师范国学之师资。"[1] 改革后的国语教育，不再流于基础的语言技能，而是希望学生能够获得广博的各类相关知识，进而提高"研究素养"。除了教授旨趣的变化，陈中凡在国文部最为大刀阔斧的改革是推行选科制，"以个人的个性为主，教他各就性之所近，选择他所愿意习的学科，才能兴趣横生，不致感受困难，而无功"[2]。他有四点试行选科制的理由：（1）减轻学生负担；（2）尊重个性，因材施教；（3）激发学习兴趣，鼓励学生深入研究；（4）迎合学生需求，以利师生关系。经过这样的改革，女高师国文部的课程在1922年有较大改进，除公共必修科外，另分四组选修科——哲学组、教育学组、文学组和史地学组，另外还有公共选修科和随意科[3]。

表3.3　文科国文部公共必修科一览[4]

科目	课程及学分（括号里为学分）
教育科	伦理学（2）；论理学（2）；心理学（2）；教育学（3）；教育史（2）；教学法（2）
国文科	模范文（并作文）（10）；学术文（并作论文）（8）；诗赋词曲（4）
国文学科	文字学（3）；声韵学（2）；国文法（2）；文学概论（2）；修辞学（2）；中国文学史（3）；国学概要（2）

1　《文科国文部学科课程一览并说明》，《北京女子高等师范文艺会刊》，1922年第4期，附录，中国国家图书馆。

2　陈中凡：《陈斠玄先生演讲文科进行方针》，《北京女子高等师范文艺会刊》，1920年第2期，中国国家图书馆。

3　女高师的课程设置一直处于改进状态，1921年第3期《北京女子高等师范文艺会刊》在附录部分刊有《北京女高师国文部学科课程一览及教授情况》，其所列课程与1922年略有出入。

4　根据《文科国文部学科课程一览并说明》制表，着重号为笔者所加。

表 3.4 文科国文部选修科一览 [1]

分组选修	哲学组	西洋哲学概论及其哲学史、中国学术源流、社会学、美学及美术史、言语学、心理学、青年心理及儿童心理
	教育学组	略
	文学组	西洋文学史、诗学及史诗、小说、词曲史、小说史、文字史、声韵学史、言语学史、阅辨术
	史地学组	略
公共选修		语体文及语法、语法文法之比较、日文、国文教学法、国文评点及改作法、家事、缝纫及烹饪
随意科		略

除此之外，女高师还将主要课程列出，并对该课的教授内容、目的及学分要求等加以详细说明，如表 3.5 所示。

表 3.5 本部主要学科课程说明书 [2]

课程名称	讲授人及授课年限	课程说明
模范文	潘树声、顾震福、胡光炜（1921）	此课选择各家记载，叙述说明，抒情，各体文字，分近代、中古、上古，三期教授，使学生知文学之准则。周月练习一二次，凡十学分，分四年授毕。
学术文	陈中凡（1921）冯士远（1924）	此课选授历代关系各种学术之作品，分（1）总论学术流别之文，（2）诸子之文，（3）群经解诂之文，（4）论史法之文，（5）论文章法式之文，（6）论文学派别之文等编。俾学生明广义文学之途径。每学期提出论文一二篇，凡八学分，分四年授毕。

---

1 根据《文科国文部学科课程一览并说明》制表，本表仅列出与语言文字学习相关的课程，其余如教育、史地等学科的课程从略。

2 同上。讲授人则根据《北京女高师国文部学科课程一览及教授情况》（1921）、《国立北京女高师教职员名册和筹建女师大委员会》（1924），以及学生回忆性资料等总结而成。

续表

课程名称	讲授人及授课年限	课程说明
诗赋词曲	不详。	此课选授诗经古今乐府及古律绝各体诗，楚骚及汉魏六代诸名家赋，唐五代两宋各家词，元明清南北曲，俾学生明狭义文学之概略。凡四学分，分三年授毕。
文字学	顾震福（1921）钱玄同（1924）	此课讲授文字源流，六书例略，部首论证，及古今训诂之转变等编，俾学生得研究文学之基础。凡三学分，分二年授毕。
声韵学	张煊（1921）	此课讲授今音之分析，国语发音，及等韵等编，俾学生知审定文字之音读，兼明音理。凡二学分，一年授毕。至古纽古韵及古今音之转变，归声韵学史讲授之。
国文法	黎锦熙（1924）	此课讲授品词句读之成分，篇章之组织等编，俾学生明文章构造之原理。凡二学分，一年授毕。
文学概论	黄侃（1921）	此课讲授文学界限，文学起源，古今艺文部类，文体明实，文章公式，文章派别等编，俾学生知文学之规矩法式，凡二学分，一年授毕。
修辞学	胡光炜（即胡小石，1921）	此课讲授修辞通论，修辞学史，文章体制论，文章构想论等篇。俾学生知文章修饰润色之功用。凡二学分，一年授毕。
中国文学史	王家吉（1921）	此课讲授，约分九期：（1）尚古迄虞夏文学，（2）商周迄先秦文学，（3）两汉文学，（4）魏晋迄宋文学，（5）齐梁迄初唐文学，（6）中唐五季北宋文学，（7）南宋迄明文学，（8）清代文学，（9）近代文学之趋势等编。俾学生明历代文学之原流变迁。凡三学分，二年授毕。
西洋文学史	周作人（1921—1927）	此课讲授西洋古代迄现世文艺思想之变迁，俾学生知域外文学之趋势。凡二学分，一年授毕。

　　由此可见，到1922年，女高师的国语教育已相对完善，并形成了自己的特色：在训练学生传统语言文学素养的同时，也进行严肃认真的白话教学。重点课程中的"声韵学"是专门针对国

语发音的，"国文法"是针对白话文语法及篇章布局的，"中国文学史"涉及现代文学的发展趋势。而公共选修课中的语体文及语法、语法文法之比较等，更是从比较的视角来教授文言与白话。此外，"言语学"是一门属于普通语言学研究的课程，任课教师为沈步洲。沈步洲是我国从事普通语言学研究的第一代学者，《言语学概论》（商务印书馆 1931 年）一书就是他的课堂讲义，章节设计非常接近现代普通语言学的入门书。书中介绍了米勒（Max Müller）、叶斯柏森（Otto Jespersen）、布龙菲尔德（Leonard Bloomfield）等著名语言学者的理论。这些课程的开设，加上授课教师（钱玄同、周作人、黎锦熙等）的资历，都表明当时的女高师不但走在国语教育的前列，而且成为最早引进西方语言科学成果的教育机构之一。

另外根据何玲华（2007）的总结，在女高师，对学生产生较大影响的课程还有：

（1）伦理学、社会学，任课教师李大钊。此外他还开设"女权运动史"一课，任课年限从 1922 年 7 月到 1924 年 2 月。他提出，"妇女在社会上的地位，随着经济状况的变动而变动"，"只有社会性质改变，妇女才能获得真正的解放"。这些思想帮助女高师学生认识到中国妇女社会地位低下的原因，增强了自身的性别意识，激励她们参与社会变革，以改变中国女性的生存状态。

（2）小说史，任课教师为鲁迅，授课时间从 1923 年 7 月到 1926 年 8 月。他的课在女高师极受欢迎，常常是还没到上课时间，教室的走廊外就已经站满了人[1]。他讲课不拘泥于讲义，总是立足现代，针砭古今，鼓励女性勇敢冲破社会羁绊，同时也要对解脱羁绊后的生活有所警醒。

虽然这些课程并不直接涉及语言学习，但授课人所传播的知

---

[1]　胡海勇：《时为公务员的鲁迅》，转引自何玲华，《新教育新女性：北京女高师研究（1919—1924）》，北京：中国社会科学出版社，2007：223。

识和理念，以及他们的个人魅力，参与促成了女高师充满人文情怀而又高度性别化的语言学习环境，将女高师建构为致力于改变中国性别规范的一个富有活力的实践共同体。

教学模式

女高师所处的时代背景导致了它的一种看似无序的状态，像有人形容的那样，"校无定制""教无常师""学无定法"（姜丽静，2008：6）。然而，起步期虽然简陋，却有创新的一面。这一点不仅表现在前文所述的课程设置上，更表现在教学法的改革上。在自由、民主的"五四"空气中，女生们以演讲、论说、习作发表等方式来练习白话的说和写。对于中国女性，这种"抛头露面"的学习形式尚属史上首次。为了锻炼女生的演讲能力，1919 年 3月，在陈中凡的力倡下，女高师成立了文艺研究会，成员基本由国文部学生组成。文艺研究会设有演讲部，负责组织演讲会，这不仅为女生锤炼语言能力搭建了平台，更为她们展示自我、抒发情怀，与同学、老师一起探讨自己感到兴奋或困惑的话题创造了机会。《北京女子高等师范文艺会刊》是文艺研究会的专属刊物，被称为"学生……商讨学术，发表思想底机关"[1]。虽然也刊发名人演讲、学校章程等内容，但从本质上说，会刊是学生练习写作的园地。文艺会刊不仅刊载学生的演讲，还办有"论说"栏目，赋予女生话语权，既让她们的观点通过文字得以传布，也使她们有更多的机会来练习写作通顺的白话应用文。《北京女子高等师范文艺会刊》是众多学者研究女高师所依赖的资料来源，而对于本项研究，这份会刊也极为重要，因为它向我们展示了女高师国语教育的发展轨迹。发表在其上的骈散古文，在短短三年里由 14 篇降为 0 篇，而新诗和白话小说的数量则由第一期的 0 篇增加到第六期的 19 篇和 3 篇，详见表 3.6。

1　"编辑例略"，载《北京女子高等师范文艺会刊》，1922 年第 4 期。

表 3.6 《北京女子高等师范文艺会刊》文学作品文体情况 [1]

刊期	出版时间	格律诗词	骈散古文	文言小说	新诗	白话小说	散文
第 1 期	1919	51	14	0	0	0	0
第 2 期	1920	71	7	1	0	0	0
第 3 期	1921	64	7	1	0	2	0
第 4 期	1922？	98	0	1	10	0	0
第 5 期	1923？	43	0	1	6	1	0
第 6 期	1924？	33	0	0	19	3	1

此外，在女高师，传统小学和文学科目的教授也摆脱了死记硬背的套路，作为国文部主任的陈中凡在这方面起到了身先示范的作用，他的教学法被学生评价为"印象最深，受益最多……的教学方法"，是"以乾嘉时代朴学之风，传授其渊博的学术造诣及踏实的治学方法"[2]。据程俊英回忆，陈中凡在讲授传统小学科目，如"经学通论"和"诸子通谊"时，都打破了"和尚念经，不求甚解"式的传统背诵套路：

> 每星期要发三次讲义，一次约十余张，都是油印的。讲授时，还有补充的笔记，引证翔实，不尚空谈。……《经学通论》（的教学法）第一是"选读经文"，他说"不读经文，等于空论；熟读经文，触类旁通。"第二是"离经辨志"，他说，"离经，即标点句读，辨志，即断章写段落大意和全篇大义。"第三是"诠释训诂"，他介绍清代注释的名作，如《尚书》介绍孙星衍《尚书古今文注疏》，《诗经》介绍陈奂《诗毛式传疏》等作参考，让学生动手用今语注古语。……获益不少。……讲授"诸子通谊"课程时，陈老师先让学生读《庄子·天下篇》《史记·太史公自序》，介绍九流十家学说的渊源，以及有关诸子的传记，然后精读诸子的代表作，其指导

1　引自何玲华：《新教育新女性：北京女高师研究（1919—1924）》，北京：中国社会科学出版社，2007：285。

2　程俊英：《陈中凡老师在女高师》，见朱杰人、戴从喜，《程俊英教授纪念文集》，上海：华东师范大学出版社，2004：343。

方法与读经相同，打下了我们经部、子部的扎实基础。

根据程俊英的记述，我们认为，陈中凡的教学法最打破传统的，就是"标点句读，写段落大意，用今语注古语"，即：不再做狭义的考据性研究，而是把经、子等文本当成语篇，以白话为目标语，对这些文本做现代的解读。这是一种顺应语言发展趋势的做法，指导学生在研读经、子文本的基础上加以翻译，比起"以古文释古文"的传统学习方法，能使学生更容易掌握文本。除此之外，陈中凡还大力提倡讨论式的教学法，认为讨论式特别适合高等教育：

> 前人所称教式，不外启发、注入两种；余意高等教育，此两式皆未能收美满之效果；拟以"讨论式"辅其不逮。讨论式者，由教师提出各种问题，使学生自加思考，判断；教师为之析疑释惑，加以批评矫正也。此式初行，或感困难，然积久收效自多；盖纯求自动，不致陷于成说，毫无心得也。[1]

黄侃教授的"文学概论"，是女高师采用讨论法教学的一个有名例子：

> 教法很新颖，登上讲台，他让我们先出一个题目，如拟《古诗十九首·青青河畔草》，自己在黑板上先作示范一首，接着让我们在台下也各拟一首，然后又在黑板上写一首古人的拟作，讲解《青青河畔草》运用叠字的特点。师生诗和古人诗互作比较，课堂上显得特别活泼。[2]

根据史料所呈现的面貌，我们把女高师授课模式的特点总结如下：

（1）无固定教材，多采用讲义。

1　陈中凡：《一年来教授训练的经过和未来的希望》，载《北京女子高等师范文艺会刊》，1921 年第 3 期。
2　程俊英：《程俊英自传》，见朱杰人、戴从喜，《程俊英教授纪念文集》，上海：华东师范大学出版社，2004：283。

（2）在课程设置、授课内容和教学法制定等方面，尊重学生的需求和教师的意见。女高师有一个由校长和教员组成、名为"学科教授会"的教学研究组织，商讨教授要目、方法，各课的增设与废止等，最终的决定是"由会员建议，取决多数。遇两方对等时，由本科主任决定之"；而且，"本科学生对本会有所陈述时，得推举代表一人或二人出席报告"[1]。

（3）不仅在课堂上，学习内容和授课模式不因女性而有异，更由于当时"女性解放"潮流的影响，教师能够抛开性别偏见，给予女生更多的关注和指导。如文艺研究会的成立和运行，得到主任陈中凡、校长许寿裳以及教育学家蔡元培的关爱。胡适曾声明，他接待"来访座谈不超过五分钟"，但"女学生不在此限"[2]。

3.3.2　案例二：金陵女子大学（1915—1928）

离开北京的喧嚣与激荡，来到静谧的南京绣花巷，在李鸿章的花园故居里，六位老师和八位学生见证了又一所女子高等教育机构的诞生：1915 年 9 月 17 日，是金陵女子大学开学的第一天。退回数年，长江中下游有六位女传教士于 1911 年组成了一个"倡建联合女校筹委会"（Committee on the Proposed Union Women's College），向当地教会提交了一份呼吁书，倡议在长江流域组建一所女子联合大学。呼吁书列举了长江流域各地的多所教会学校，指出："在这个地域广阔，人口众多的长江流域，竟没有一所女校够得上大学水平！"她们希望，这样一所女子大学"不仅会成为中国人建立女子教育系统的示范，还能为处于建设时期的新中国

1　《组织学科教授会简则》，载《北京女子高等师范文艺会刊》，1919 年第 1 期，附录，中国国家图书馆。

2　程俊英：《回忆女师大》，见朱杰人、戴从喜，《程俊英教授纪念文集》，上海：华东师范大学出版社，2004：347。

提供合格的师资"[1]。

　　经过一系列的筹备工作，这所被寄予众望的联合女子大学最终定名为金陵女子大学，由五所差会共同出资兴建，首任校长为来华传教士德本康夫人。作为一所教会女校，金女大实际上是一所在中国领土上开办的在美国注册、由美国人出资和管理的女子大学。金女大的教师基本上为来华传教士以及留学归国人员，使用英语作为教学语言，按照美国大学标准设置课程。1916年，金女大与美国史密斯女子大学结成姊妹院校。史密斯女子大学是金女大最重要的办学支持者，每年为金女大提供数额固定的捐款和人员援助，且数量逐步增加。随着就读人数迅速增多，原先的校舍已不够用，经各方筹款，金女大在南京陶谷建设新校舍，并于1925年迁入该处。1927年，民族主义运动席卷全国，作为一所外人治校、以英语为教学语言的教会学校，金女大自然受到剧烈冲击。为能在国民政府教育部立案，德本康夫人引退，由该校第一届毕业生吴贻芳（1893—1985）女士接任校长一职。吴贻芳是第一批在中国本土获得学士学位的女大学生之一，1928年获美国密歇根大学生物学博士学位。她于1928年就职，由此金女大步入了中国校长治校的新时期，国语的学习从此逐步得到改善。这一时期持续至1951年金女大并入南京大学。本研究梳理金女大案例，将限定于德本康校长治校期间，即1915年到1928年，与对女高师的考察时段大体一致。

语言教育理念

　　正如一位金女大学生所言，"金陵的趋势偏重于英文，这是无可讳言的"[2]。在金女大，英语的学习被看作实现其教育理念的一种手段。校长德本康夫人在阐述中国女子高等教育的目标时明白

1　"Appeal for a Union Women's College for Central China", UB-CHEA, Box 155, Folder 2965, pp. 0725-0733. Divinity Library Special Collections, Yale University. 本文的翻译参考了朱峰：《基督教与近代中国女子高等教育——金陵女大与华南女大比较研究》，福州：福建教育出版社，2002：110—111。

2　幽清：《对于金陵之希望》，《金陵女子大学十周年纪念特刊》（中文版），1925：4。

地说：对她而言，高等教育就是要为那些已接纳女性的领域培养"妇女领袖"。"我们不是在教育普通民众，我们的目的就是要培养……妇女领袖。"[1] 她认为，良好的英语水平是一位"妇女领袖"必须具备的素质。金女大强调英语教育的理由还包括，在当时的中国，甚至在国立学校，几乎所有的大学课程都是使用英语授课，且很多课目根本不存在中文的教科书及参考资料，即使能找到教科书的译本，书中的观点也是落后于时代十年之久，而且，这些书对术语的翻译让人摸不着头脑[2]。因此，德本康夫人认定，"英语是通向外部世界，让中国人接触其他理念的唯一的通道。……要同世界保持联系，她们（中国女性）需要英语"[3]。这种对英语教育的重视不仅来自传教士教师，任教于金女大的归国留学生也持相似观点。她们认为，英语能力的提高是学生谋求发展的必需，学生只有掌握学科术语的英文表达，才有可能在该学科上继续深造[4]。

在金女大，英语水平的高低就是一个学生优秀与否的标志，也是这个学生有没有发展前途的指标。创办初期，金女大曾立有这样的规定：二年级下学期，学校统一举行英语概括考试（类似于当前的英语水平综合测试），以检验学生的英文水平。及格者允许升入三年级；不及格者需补读一年，再考仍不及格，则作自动退学处理（吴贻芳，1983：14）。这种一边倒的英语教育理念虽然对学生学习英语有极大的鞭策和激励作用，却也给学校管理层和学生带来了诸多困惑。德本康夫人在1918年的年度报告中提到，金女大学生的英语水平导致了该校"在前几年一直被两个不

1　Matilda Thurston. "Personal Report of Mrs. Lawrence Thurston", August 1915, MCT, Box 10, 10.5. Burke Library Union Theological Seminary.

2　Matilda Thurston. "Personal Report of Mrs. Lawrence Thurston", August 1915, MCT, Box 10, 10.5, Burke Library Union Theological Seminary; A College for Women, *Ginling College*, 1915, Box 7 Publications, folder 1, Brochures. Smith College Archives.

3　Matilda Thurston. "Personal Report of Mrs. Lawrence Thurston", August 1915, MCT, Box 10, 10.5, Burke Library Union Theological Seminary.

4　Mrs. Thurston, L. and Miss Chester, M. R. *Ginling College*, 1956: 14.

同方向的意见所困扰。支持我们的一个差会要求我们降低入学标准，因为我们的英语要求也太高了。……另一方面，我们又因为英语水平太低而被人们批评，连大学的资格也受到质疑"[1]。而对金女大的学生们来说，过于专注英语的学习使她们饱受亲朋的指责，以致她们开始怀疑个人价值，并对金女大的语言教育理念产生怀疑。一位署名曾潇的学生这样描述自己受到的批评：

> 友人喟然长叹曰：不谓子等俨然大学生，……舍本求末，弃近而骛远耶。我为子等愧，我为国家人才前途痛苦也。……（子等大学生）能执钢笔，作英文论，洋洋洒洒，流利畅快。试与论中国文，顿露枯窘之色。数年后，纵能造诣幽深，试问我中国何贵有此无数昧于国情、纯粹欧美化、机械式之读书匠矣。子等他日入世，为人母为人师，尽其所知，诏导后人，数十年而后，我国现状如何，有不忍书言者矣。[2]

我们想要指出的是，金女大自建校之日起，就一直抱有加强国语教育的愿望。金女大所谓的国语，主要是指白话。学校管理层认为，通过在大学课程中训练学生用当代标准的中文来表达思想，金女大就能够对中国文学有所贡献，进而对国家的未来产生良好且深远的影响[3]。校长德本康夫人在1928年的离职演讲中，再次重申了这种语言教育的理念，指出虽然学校的教学语言是英语，但金女大始终把发达的国学科目奉为办学理想之一："让金陵引以为豪的是，我们从不贬低中国的传统理念，这是学生来金陵求学前所固有的东西。尽管我们发现，强调国学是很困难的，然而我们的理想是：国学科目一定要有高水平，中国文化传统应该保

1　"Annual Report"，1918，UB-CHEA，Box 154，Folder 2961，pp. 0584-0596. Divinity Library Collections, Yale University. 本文的翻译参考了朱峰：《基督教与近代中国女子高等教育——金陵女大与华南女大比较研究》，福州：福建教育出版社，2002：116。

2　曾潇：《记友人言》，载《金陵女子大学十周年纪念特刊》（中文版），1925：21。Box 9 Publications. Smith College Archives.

3　"A College for Women"，*Ginling College*，1915，Box 7 Publications, Folder 1 Brochures. Smith College Archives.

留。"[1] 她所提到的"强调国学"的困难，主要是指教师难聘，因为金女大对国语教师的素质要求甚高，而支付的薪金却还不到外籍教师的一半，因此很难找到一位思想开明、教法先进、在文言和白话上都有造诣的国语女教师。有学生以为，金女大强调国语教育仅仅停留于官方文件，"是一种'吹毛求疵'的台面菜"[2]，甚至有学生把国语学习"当成一种骗学分的勾当"[3]。

课程设置

随着金女大的创办，传教士内部关于中国女子是否应该系统学习英语的争论也总算得以平息。可是，从课堂教学、课后辅导到课程编排、教材选定，针对中国女性的英语教育都没有先例可供借鉴。而金女大的英语教师，虽然都是以英语为母语的本族语者，且大多毕业于美国高等院校，却没有任何实际的在中国大学的教授经验[4]。这种状况使得金女大最初的英语课程设置或多或少偏离了中国学生的实际，让第一届学生感到不适，面临不小压力。另一方面，金女大十分关注中国女性的生存状况，以学生的性格塑造和人格发展为教育的第一要义[5]。教师们积极了解学生所需，并努力根据实际情况调整课程、改进教学，从而使该校的英语教

1　Mrs Thurston. "Address by the Retiring President", *Ginling College Magazine*, 1929: 6. Box 9 Publications. Smith College Archives. 译文参见张连红：《金陵女子大学校史》，南京：江苏人民出版社，2005：59。

2　朱仲止：《我和金陵》，载《金陵女子大学校刊》，1925，1（4）：14。Box 9 Publications. Smith College Archives.

3　幽清：《对于金陵之希望》，载《金陵女子大学十周年纪念特刊》（中文版），1925：6。Box 9 Publications. Smith College Archives.

4　Mrs. Lawrence Thurston. "Ginling College", *The Educational Review*, 1918, 10 (3): 242.

5　如金女大在其 1916 年发行的关于学校状况的小册子中指出，教师们回顾过去一年的工作，为学生的进步感到欣慰，因为学生们不再因不适应新事物而迷失，她们已经获得应付每日的学习任务的能力，而且逐步了解自我，认识到良好的领悟力和判断力是宝贵的人生财富。（"A Day's Work", *Ginling College 1915*, Box 7 Publications, Folder 1 Brochures. Smith College Archives.）另外，德本康夫人也多次提到，在金女大，教师们了解女生的需求及渴望，并愿意竭尽全力使这些需求和渴望得到实现。（Mrs. Thurston, L. and Miss Chester, M. R. *Ginling College*, 1956: 5, 15; Mrs Lawrence Thurston, "Address by the Retiring President", *Ginling College Magazine*, 1929: 5, Box 9 Publications. Smith College Archives.）

学日趋完善并富有特色，其毕业生以高水平的英语和突出的业务
能力享誉国内外。那时的金女大，堪称中国女校英语教育的楷模。
下文将展示金女大英语课程设置的逐步改善过程，并加以评点。
首先让我们了解一下金女大成立第一年的英语课程设置。

表 3.7　金女大 1915 年英语课程设置及说明 [1]

课程名称	课时	说明
1. 英国文学概论	4	普通考察性课程，为专门化的教学做准备，采取名著选读形式。
2. 伊丽莎白时代文学选读	4	学习这一时代名作家，如斯宾塞、莎士比亚、培根的文学作品。
3. 维多利亚时代散文选读	4	学习狄更斯、萨克雷、罗斯金及卡莱尔的作品。
4. 英诗	4	学习弥尔顿、华兹华斯、丁尼生、布朗宁的作品。
5. 修辞及主题写作	2	一年级课程。根据命题书写短篇，学习文学写作。重点训练学生用正确、地道的英语表达自我。
6. 短篇小说	3	高级课程。学生需已修完课程 1 和 5。本课程是关于短篇小说的学习，阅读范围应覆盖小说文体的发展过程和现代应用，上课内容包括讨论、短篇小说写作及口述故事。课程的目的是引导学生欣赏并学会使用这一有效的书写形式。

　　这是一份以文学阅读为主的语言学习课程表，它不针对任何
语言构成成分进行单项训练，目的不在于提高学生的基本语言能
力，而在于锤炼写作技巧，提升文学素养。对于金女大第一届学
生来说，这样的英语课程是"极为困难"的，课程的学习是"最
令人沮丧的事情"[2]。在第一堂英国文学课上，大部分人甚至连一句

1　Ginling College Records, Box 7 Publications, Folder 3 Bulletins, 1915: 20-21. Smith College Archives.（原文为英文，下同）

2　Waelchli, M. J. *Abundant Life: Matilda Thurston, Wu Yifang and Ginling College: 1915-1951*, 2002: 47; Liu Gien-chiu, Ren En-dzi, Tang Hwei-dzin, Wu I-fang and Zee Yuh-tsung, *The Pioneer*, 1919: 6-7. UB-CHEA, RG 11, Box 151, Folder 2946. Divinity Library Special Collections, Yale University.

完整的英文都没听懂[1]。而校长德本康夫人起初并未认真检讨课程设置存在的问题，以为这几个女孩子是由于家庭教育背景的关系，太容易感到沮丧，缺乏独立的人格，认为她们不是为求知而来，只是由于家长的安排才来就读金女大[2]。在最初的一年里，学生人数由入学时的 8 名减至 5 名，其中一名还是后来的插班生[3]。然而，坚持下来的女生通过自己的努力和进步让德本康夫人改变了看法，到 1916 年，她已坚信，在提升中国女性地位这件事情上，这些女生会比任何外国人做得都好[4]。也许，起初的课程设置只是效仿了美国大学的模式，因此不适合中国女生。无论怎样，有一点值得肯定，那就是设计者对课程表所持的态度是开放的。例如，"英国文学概论"是一门泛读课，校方希望通过名著选读的教学来了解学生的实际语言水平，进而设计出针对某项语言能力的专门化课程。这种努力到 1920 年已显成效，课程中开始出现专门针对语法、习语、词汇和口语学习的内容。

表 3.8　金女大 1920 年英语课程设置及说明[5]

课程名称	课时	说明
1. 作文	2	复习语法，主题，及修辞。一年级课程。
2. 文学	3	阅读内容包括一份自传和散文若干篇，基于阅读内容着重训练习语、词汇和口头作文，另外布置课外阅读内容。一年级课程。
3. 修辞与写作	1	重点训练段落结构。二年级课程。
4. 英语散文、小说	3	讲解小说这一文学体裁的发展过程，学习四篇具有代表性的散文体小说作品。

1　Liu et al. *The Pioneer*, 1919: 6, UB-CHEA, RG 11, Box 151, Folder 2946. Divinity Library Special Collections, Yale University.

2　"Matilda Thurston to Calder Family", 15 November 1915, MCT, Box 2, 2.3. Burke Library Union Theological Seminary.

3　金女大初创时校园简陋，师资薄弱，教学设备匮乏，这些也是学生弃学的原因之一。

4　"Presbyterian Report-Ginling Mission", 1916, UB-CHEA, RG 11, Series IV, Box 155, Folder 2966. Divinity Library Special Collections, Yale University.

5　Bulletin of Ginling College, Box 7 Publications, Folder 3 Bulletins, 1920: 30-31. Smith College Archives.

课程名称	课时	说明
5. 修辞与写作	1	阅读、学习说明文和描述性文章，练习命题作文。
6. 英国文学概论	3	总体考察性课程，为专门化的教学做准备。以名著选读的形式进行。
7. 当代杂志选读	2	上课形式为报告与讨论。
8. 修辞与写作	1	学习记叙文及短篇小说的发展过程，辩论及公共演讲的原则。四年级课程。
9. 莎士比亚	3	学习莎士比亚代表作，理解莎士比亚写作生涯的发展轨迹。
10. 十九世纪诗选	3	
11. 文学名著选读	3	
13. 英语教学	3S	复习音标和语法，总结提高英语水平的方法。

　　这份课程表依然延续最初的英语学习模式，即以文学为中心，区别是，文学素养的培育降为次要，语言能力的训练成为重点，文学文本成为学生学习词汇、语法、习语和口语的教材。而且，写作的学习体现出循序渐进、注重实用的特点。段落结构成为一项专门训练的内容，实用的说明文和记叙文取代了小说，成为学生的练习对象。这里特别值得一提的是，根据耶鲁大学神学院所藏的学生作业，1922 年到 1923 年，一位名叫多萝西·林德奎斯特（Dorothy Lindquist）的教师在指导学生写作命题作文时，将题目定为"我的自传"（My Autobiography），要求学生在一个学期内，按照副标题"十岁前""十岁到二十岁""我的金陵生活"，分三次回顾并描述自己的生活经历和心路历程，这是对"文学"课上学习的自传文本的一种模仿性写作[1]。联想到当今，在英语教学界有人大力提倡这种书写形式，认为"通过语言来表述意义、整合知识及经历的过程，本

---

[1] "Handwritten Essays by Chinese Women Students at Ginling College", 1922—1923. CRP-MPP, RG11, Box 231 Dorothy Lindquist, Folders 1-13. Divinity Library Special Collections, Yale University.

身就是学习过程的一部分"(Swain，2006：98)。这种类似回忆录的书写形式，不仅有助于学生整合知识，寻找自我并发展独立人格，更为英语教学研究者提供了了解学习者内心的一手素材。

重视口语，是这一时期金女大英语教育的另一特点。学生低年级时练习口头作文、报告和讨论，高年级学习辩论和公共演讲。而且，考虑到当时的社会背景，"当代杂志选读"作为一门课程不愧为一项妙思，将时事与口语练习结合，让学生报告、讨论其所读所思，不仅能够激发她们的讨论热情，更开阔了她们的视野，引导她们关注社会。遗憾的是，史料中查找不到当时学生们阅读的是哪些杂志。教师们是根据什么样的标准来选择杂志呢？这些杂志的内容是不是关于美国的女子教育和女性解放的？对此我们非常好奇。可以想见的一点是，如果杂志的内容是针对女性解放、社会变革的，那么，这种灌输理念的课程必定会对学生的性别认同发展产生积极的影响。

到1925年，在对学生进行语言能力单项训练的同时，金女大的英语课程更加生活化和实用化，而且内容更加丰富。教师们已探得在中国从事英语教学的门径，如重点操练语法、习语和词汇，单独训练"时态"的使用等。当年的课程表也体现了国际语言教学理论的最新成果。当时较先进的语言学习法，如"句型操练""快速阅读"，很自然地融入课程之中，详见表3.9。

表 3.9　金女大 1925 年英语课程设置及说明 [1]

课程名称	学分	说明
*11. 作文和文学	6	锻炼清晰思考及正确表达的习惯，操练语法结构、习语及词汇。每周五课时，学年课程。
*21. 口头作文	4	每周四课时，学年课程。

1　Ginling College Records, Box 7 Publications, Folder 3 Bulletins, 1925: 45-46. Smith College Archives.

续表

课程名称	学分	说明
*23. 英语散文、小说	6	讲解小说这一文学体裁的发展及其结构，学习四篇具有代表性的散文体小说作品。课下练习小说的快速阅读。每周三课时，学年课程。
*31. 散文写作	4	研读、练习散文写作。每周四课时，学年课程。
33. 习语	2	练习时态的正确使用，学习正确的日常表达用语，操练商务及社交用语。每周两课时，学期课程。
34. 当代杂志选读	2	上课形式为报告与讨论。每周两课时，学期课程。
41. 莎士比亚	4	学习莎士比亚代表作，理解莎士比亚写作生涯的发展轨迹。每周两课时，学年课程。（与33和34交替讲授）
43. 十九世纪诗选	4	选读从华兹华斯到梅斯菲尔德期间的著名诗篇，重点探讨诗作与作者所处的社会、民智及宗教运动之间的关系。每周四课时，第一学期。
44. 十九世纪散文	4	选读从卡莱斯到哈代期间的著名散文作品，重点探讨作品与作者所处的社会、民智及宗教运动之间的关系。每周四课时，第一学期。
46. 世界文学名著选读	8	学习公认的名著，如《奥赛罗》《西塞罗三论》《神曲》《堂吉诃德》《浮士德》《巴黎圣母院》等。每周四课时，学年课程。（与43和44交替讲授）

说明：带星号的课程为必修课。本表所列课程并不全都每年开设，但若有超过五名以上的学生注册某门课程，该课就会开设。课程序号不代表讲授顺序。序号11—19为一年级课程，21—29为二年级课程，31—39为三年级课程，41—49为四年级课程。

我们认为，1925年的这份课程表，其制定有可能参考了当时新式的国际语言教学理论，因为中华基督教教育会主办的《教育季刊》（*The Educational Review*）是民国时期专供传教士个人和教育团体发表研究成果的一份学术刊物，金女大的许多教师，包括校长德本康夫人、教育系主任华群女士（Ms. Minnie Vautrin，也译为明妮·魏特琳）[1]等，都曾在该杂志上发表教育心得。这份杂

1　在侵华日军南京大屠杀期间，她负责专门收容妇女的难民所，保护了万余名中国妇女儿童，去世后留下了一部记录日军暴行的《魏特琳日记》。

志的内容显示，哈罗德·帕尔默（Harold Palmer，1877—1949）所推崇的模仿（mimicry）和句型操练（drill practice）等语言学习法[1]，以及20世纪20年代开始在美国兴起的阅读学习法等，都被及时地介绍到了中国（刘媛媛，2011：47）。我们推测，金女大1925年的这份课程表，很可能是从美国语言教学理论的最新进展中汲取了营养，才得以改进。"作文和文学"课中使用句型操练法来学习语法和词汇，以及"英语散文、小说"课要求学生练习快速阅读，都和当时最新的语言教学法一致。除了体现先进的教学法，这份课程表还非常贴合学生的生活实际，在习语课中新增了商务和社交用语的学习，并且明确提出要使学生养成"清晰思考及正确表达的习惯"。这样做显然是在为她们将来在工作中使用英语打基础。可以说，这份课程表真正考虑到了学生对英语的具体需求。除此之外，文学课程的设置也有令人惊喜的变化，由让学生孤立地学习文学文本改为将语境与文本结合，学习的重点也由文本欣赏转移到了解文本背后的社会现实。笔者认为，只要教师引导得当，这种将语言、社会、文化融为一体的课程会大有助于引发学生的学习兴趣，激活她们的认知机制，并最终使她们的综合语言能力得到提高。

教学模式

上文介绍课程设置时，已涉及金女大的英语教学法，读者对此想必已有大致印象。笔者想要强调的是，金女大对中国传统依靠背诵的教学法的缺点非常警惕，如校长德本康夫人指出，这种以背诵为主的方法使得学生"没有机会发展理性思考的能力"，而旧式的学者在这方面也"颇为无望"[2]。她和她的同事们希望改变这种状况，并借此逐步改变中国人的思维模式。对于已经习惯了

1　Brownell Gage 的文章 "Psychology and the Teaching of English" 重点介绍了 Harold Palmer 的著作 *The Scientific Study and Teaching of Languages*。详见 *The Educational Review*，1921（1）。

2　"Matilda Thurston to Calder Family"，11 April 1907, MCT, Box 1, 1.17. Burke Library Union Theological Seminary.

中式学习法的学生来说，改变首先带来的是无所适从的沮丧。金女大第一届学生这样回忆她们第一次接触"大纲学习法"时的情景：在英国文学课上，老师提议，在阅读文本的同时，学生们尝试按年代顺序梳理一下英国文学的发展脉络。于是，当天夜里3点，女生们悄然起床，连续工作5个小时，终于完成了一份这样的大纲。而上课时她们却失望地发现，老师对她们辛苦整理出的大纲只字不提，于是有学生大胆地询问原因，老师的回答是："我没有要求你们把它当成作业，只是提议这样做，这对你们的学习会有帮助。"[1]

　　自校长到每位教师，金女大教师群体对摸索一套适合中国女性的教学法饱含兴趣和热情，而金女大之所以能在英语教育方面发展出自己的特色并取得不菲的成绩，与教师们的工作精神是分不开的。一位名为恩达·F.伍德（Enda F. Wood）的教师这样描述金女大1924年至1925年英文系主任康凤楼女士（Miss Carncross）的教学法：她花费数小时为学生纠正句式结构、语法和听写中的错误，这样的教学方式对任何教师来说，都是极为枯燥和乏味的，而她却做得津津有味。她总是和学生面对面，一起探讨错误产生的原因。她从不简单地说"这是错的"，而总是这样开始："是的，这也许是一种见解，但是，你有没有考虑到这么一个事实……这是正确的思路，对不对？"通过这样的引导和讨论，她使学生自己得出结论，因而深信不疑且欢欣鼓舞。伍德认为，康凤楼的教学法非常适合中国学生，她对学生极有耐心和怜悯心，只有非常了解中国女性的人，才会掌握与中国女性交往的要诀。一个学生也许只为一个时态问题而来，这也许是一个只要十分钟便可解决的问题，康凤楼女士却愿意花费一个小时的时间，耐心倾听这位女生在学习中的种种失望或雄心，并确保这位女生

1　Liu, et al. *The Pioneer*, 1919: 6-7. UB-CHEA, RG 11, Box 151, Folder 2946. Divinity Library Special Collections, Yale University.

在离开时获得新的勇气，去迎接未来的学习和生活[1]。

在金女大，与女高师相似，人文主义的社团学习法也广受欢迎。1918 年，三年级和四年级学生在教师的指导下成立了"英语社"和"中国文学社"。英语社是学生们练习英语会话、阅读和背诵的组织，通过戏剧表演、台词背诵和诗朗诵等形式来扩充词汇，锻炼口语表达能力；而中国文学社则除了锻炼清晰优雅地讲话，更注重翻译的练习[2]。1919 级学生的翻译作品被结集成册，取名《世界妇女的先导》，由中华基督教女青年会出版。书中八个故事的标题是："平民女子教育的创办者耐恒马利亚（Mary Lyon）""红十字救护队的先锋南丁格兰佛劳绹斯（Florence Nightingale）""俄国革命的祖母客斯琳（Catherine Breshkovsky）""非洲人民的曙光司立逊·马利娅（Mary Slesser）""女子选举权的先进夏恩诺（Anna Howard Shaw）""女青年会的先导杜贵斯（Grace H. Dodge）""贫民的救主安藤加茵（Jane Addams）""日本妇女节制会的领袖哈哲女士（Kaji Yajima）"。译者期望以此八名外国女子的事迹鼓励中国女性发挥潜能，开拓事业。此书于 1923 年重版，1927 年再版，可见其受欢迎的程度。

到 1923 年，为了提高学生公众演讲的能力，英文教授游英女士将英语社和中国文学社合并，组成了"文艺会"。文艺会的目的有二：一为发展个性，一为锻炼演讲之能力[3]。与女高师不同的是，虽然金女大的文艺会并未出版会刊性杂志，但金女大也自有一块供学生发表言论的园地，这就是研究金女大的学者都会提及的《金陵女子大学校刊》（*Ginling College Magazine*）。该刊为双

---

1 Enda F. Wood. "For Love's Strength Standeth in Love's Sacrifice", *Ginling College Magazine* 1925, 1 (4): 11-12. Box 9 Publications. Smith College Archives.

2 Liu, et al. *The Pioneer*, 1919: 32-33. UB-CHEA, RG 11, Box 151, Folder 2946. Divinity Library Special Collections, Yale University.

3 蒋琳英：《本校文艺会之历史记略》，载《金陵女子大学十周年纪念特刊》，1925：57—59。Box 9 Publications. Smith College Archives.

语季刊，"华英合璧"，中英文各占一半内容。办刊的最初目的是为学生创造机会，让她们自由抒发情感，进而锻炼清晰思考的能力[1]。编辑部认为，"英文的一半比较的花样多，题材富，趣味浓"，这是校课铸成的趋势；而提及国文的部分，金女大学生却明显信心不足。在陈述校刊今后的发展方向时，编辑部希望这份校刊能成为"真正纯粹的中华民国女子自觉自动的呼声，现代中国女子人格、心理、学术及能力的表现品——至少是一部分的中国知识界妇女团结的原动力，中国贫愚界妇女的诉冤单，救命星"，然而，却立刻又踌躇地反问道："金陵师生的能力有几厚！尤其是国文！"[2]但不管如何，金女大的双语校刊确实真切、生动地展示了金女大学生对于语言学习的种种思考，特别是如何在中英文的学习中寻求平衡，校刊也刊登了不少反映学生探寻自我认同的文章。

以上我们考察了金女大的教学法。总之，在几代教师的努力下，金女大的英语教育呈现出科学性、先进性与人性化的特点。金女大的英语教学法被学生们评价为"灵活、严谨的"[3]，学生们认为自己良好的英语水平和客观、逻辑地分析事理的态度与金女大的训练手段是"分不开的"[4]。在这样的语言教育模式下，金女大学生如何形成她们的学习动机，在语言学习中怀有怎样的情感，又如何定位自我、设计未来？——这些将是本书第五章要探讨的问题。

1　Mao Shwen-yv. "Two Years in the Life of the Ginling Magazine", *Ginling College Magazine*, 1926, 2 (2): 32. Smith College Archives.

2　《卷首语·满意不满意》，载《金陵女子大学校刊》，1925，1（4）：1。Box 9 Publications. Smith College Archives.

3　张才丽：《母校教我怎样学习，怎样工作，怎样做人》，见《金陵女儿》编写组，《金陵女儿》，南京：江苏教育出版社，1995：387—389。

4　陈家惠：《念金陵，怀师友》，同上书，199—201。

第四章　国语教育与新女性认同的建构

> 陈独秀老师又来我校演讲，谈民主科学与妇女解放等问题，给我留下深刻的印象。接着，蔡元培校长也来了，谈了"国文之将来"，大家都说，我们别再作文言文了。
>
> ——程俊英，2004：283—284

　　程俊英和黄英分别于 1917 年和 1919 年进入女高师学习，于 1922 年同时毕业。她们求学的这段时间，是我国语文教育发展的关键阶段：1919 年白话文运动开始后，国语教育的问题越来越为教育界、文学界、语言学界以及社会各界所关注；白话文逐渐取代文言，成为官方和文学用语。以反映社会现实、关注个人生存现状为主题的白话文作品赢得了广大的读者群，与现实生活密切相关的内容也开始在教科书中出现。而女高师"兼容并包"的教育方针，以及"新旧人物共聚一堂"的师资格局，更使得程俊英和黄英的国语学习故事具有代表意义。本书希望，通过考察这两位女性的国语学习与认同发展之间的关系，能够清晰地向读者展示出在那段特殊的历史时期内，社会上的各种权力关系如何通过语言，对女性的认同建构产生影响；而接受系统国语教育的女性，又是以何种姿态参与社会活动的。

　　本章所梳理的程俊英的国语学习故事，主要是根据她的自述和回忆文章，并辅以其他资料，如发表在校刊、其他杂志上的文章、课程作业等。程俊英带着对新世界、新理念的强烈向往走进女高师，但这种向往起初并未成为现实。入学第一年（1917 年）

的古文学习引起了她无限的反感与苦闷，那时的学习生活让她感到一种"窒息而死"的痛苦。而随着女高师语言教育观的转变，程俊英有了更多的机会去了解、学习并研究文言和白话，她开始冷静地审视这两种语体各自的价值，以及二者所象征的社会力量的角逐，在语言的学习与使用偏向上，形成了自己的一套看法。在这一过程中，她的认同也从"要替母亲出气"的小女儿成长为要齐家、从教，并拥有一块自己的研究领地（主要是《诗经》的注释与修辞研究）的新时代职业女性。

与程俊英一起名列"四公子"之一的黄英，其学习故事就要曲折许多。我们梳理她的学习故事，也是以自传为主，并辅以其他资料。这些辅助性材料不仅包括课程作业、发表在杂志上的论说性文章，更有她的文学作品。与程俊英相比，黄英的资料要丰富许多，也复杂许多，因为她创作了大量的小说作品，并声称，"我有时候就是为了表现我自己的生命而创作，我的好朋友说，我的好些作品是在写自己，说得不错"[1]。如何甄别这些小说中所表现出的两个自我——真实的自我和想象的自我，是要费一番比较研究的功夫的。为了真实还原黄英的语言学习故事，本书在分析中只把她的自述体小说当作参考，不作为直接的分析资料。透过纸上的文字，笔者发现，黄英的自传实际上是一部关于自我如何发现、追求并成就国语写作能力的记录，其中的跌宕起伏、纠结欢喜令人为之叹息，为之欢欣。我们同情她在白话文学习中遭受的排挤与压力，又为她有幸生在那个时代感到高兴。她本是一个"自认没出息的"孤僻女生，最终却得以通过书写成就自我，抒发心绪，成长为一名富有责任感和开拓精神的新女性："要做一只喇叭，把新思想吹向人类"；"不仅仅要做个女人，更要做个人"。

下文分别对程俊英和黄英的国语学习与认同建构展开分析。

1　庐隐：《庐隐散文》，北京：中国广播电视出版社，1995：233。

4.1　个案一：程俊英

4.1.1　国语学习经历与认同建构轨迹

程俊英出身于清末知识分子家庭，接受了良好的古文训练。其父为清末举人、翰林，后留学日本，毕业于东京法政大学；其母为福建女子师范学校第一届毕业生，"饱学经史，擅长文墨"[1]。这样的家庭背景为程俊英的文言学习提供了便利，也给她灌输了其时中国主流的语言意识形态：文言是唯一的规范语言，经、史、子、集才是真正的学问。她回忆说，自己五岁时就开始在母亲的教导下读书写字。"我幼小时，在先母严厉督促下，每日必读经。《诗经》四言，句短有韵，容易背诵，所以特别喜欢它。"[2]甚至外祖父都要求双亲教她读《诗经》《毛传》。除了家庭教育，程俊英也是较早一批接受正规学校教育的中国女性，她十岁入福州女子师范预修科学习。这样的家庭背景和学习经历，确立了程俊英享有"特权"或"特殊便利"的语言学习者身份（Darvin et al., 2015），也帮助她形成了偏爱文言的语言惯习，进而对她一生的语言学习与认同建构产生影响。

虽然传统知识分子家庭为程俊英的语言学习提供了诸多的便利与资源，然而，她的理想认同是模糊的，她在现实生活中找不到想要模仿的人物原型，这主要是由当时中国知识分子女性的认同困境造成的。生活于传统知识分子家庭的程俊英母亲，将文言学习的最终目的定位为成为一名"士"，即传统意义上的知识分子。程俊英在自传中的一段回忆向我们展示了母亲的这种认识以及对她的影响。母亲求职无门后的某一天，程俊英羡慕邻家女孩新花色的布衣，央求母亲也为她做一件，而母亲非但没有为她做，

1　程俊英：《儿时的故乡》，见朱杰人、戴从喜，《程俊英教授纪念文集》，上海：华东师范大学出版社，2004：297。

2　程俊英：《程俊英自传》，同上书：288。

反而厉声教训说："'士志于道，而耻恶衣恶食者，未足以议也。'[1]
你记得吗？"她羞愧地哭了起来，事后"偷偷地写了一个'志'
字贴在墙上，朝夕以此自警"[2]。然而，必须要明确的一点是，在传
统中国社会，成为"士"的首要条件就是身为男性。在程俊英儿
时的中国社会，男权体系并未为知识女性突破"贤妻良母"的性
别认同留下任何空隙，且这种现实在社会关于女性的话语中被赤
裸裸地表达出来：

> （母亲）好读书，想做一个不依靠丈夫而能独立生活的
> 妇女。那时，我们已经移居北京，恰好有一位亲戚当了学部
> （教育部）的主事官职。她带我到主事家里请求介绍职业，主
> 事听了，拍手哈哈大笑地说："现在北京哪一部哪一校有女
> 子在那里办事教书的？你说说？如果我向部长介绍你，人
> 家不把我和你都当成怪物吗？"先母听了，只好垂头丧气
> 而归。[3]

程俊英的这段回忆揭示了清末民初的中国女性通过文言学习
来获取语言资本，进而转变认同的"无力感"。在这样的话语体系
中，程俊英显然无法建构起一种能够引导她对文言学习进行持续
投资的理想认同。她早期的文言学习动机非常朴素，就是"想替
母亲出口气"，"每天背诵她（母亲）讲授的《四书》《五经》《文
选》等教材，不敢稍有怠惰"。笔者认为，这种动机虽有助于她们
的语言学习，却不能称之为一种"对人生的投资"（Norton Peirce，
1995）。

自从进入福州女子师范预修科学习，程俊英就开始被女性独
立的话语所环绕。不仅母亲教导她"女子必须进学堂，才能开通
眼界，自食其力"，校长邓萃英的训话再次强化了这种观点："现
在不同了，女子从家庭走出来，上了学堂，将来学会本领，不靠

1　这句话出自《论语·里仁》。
2　程俊英：《程俊英自传》，见朱杰人、戴从喜，《程俊英教授纪念文集》，上海：华
　东师范大学出版社，2004：281。
3　同上。

父母和丈夫，靠自己了。"[1]这样的话语，使程俊英意识到"教育"与"独立女性"之间的关联，"独立女性"成为她最初的理想认同。这样的理想认同促使她对教育，特别是高等教育充满渴望。1917 年夏，北京女高师以国文专修科为试点进行改组，并开始招收学生。16 岁的程俊英"欣喜若狂"，夜以继日地备考，最终得以考取。然而，父权的中国社会为每一个意图打破其权力框架的女性设置了障碍，并再一次证明了在女性语言学习的道路上，社会限制性力量与个体主观能动性之间的协调与冲突。

具有日本留学经历的父亲，对她离家赴京接受高等教育持坚决反对的态度，其理由是："一个女孩子，住到外面去读书，不成体统！"[2]虽然此时的北京，已经将女性接受高等教育提升到国家、民族的高度，但携带这种观念的话语在民间得以传布却并不是一蹴而就的事情。传统的性别观早已根深蒂固地将女性在中国社会生活中边缘化，这种边缘化的社会地位，为中国女性获取"士"阶层的语言资本、文化资本和符号资本设置了重重障碍。而程俊英打破障碍的方式，就是"收拾书籍行李，从家里逃了出来"[3]。

程俊英将入学女高师称为自己"人生的一个转折点"，"由于这个转折点，使我有机会参加五四运动的行列，接受新思想、新文学的洗礼"。回忆文本显示，女高师期间的语言学习，关键词已不再是"文言"，而是"白话"和"文言"，以及这两种语言形式之间的权力角逐了。不同于地处中国南方的福州，北京是新文化运动的核心，女高师又与倡导白话文运动的北京大学毗邻，这样的地理位置注定了程俊英所处的话语体系、权力结构以及语言意识形态，都将面临冲击与改变。

虽然自小对文言学习充满热爱，但程俊英却并不享受刚刚进入女高师时的文言学习，她发出这唯一的女子大学"不像理想

1　程俊英：《儿时的故乡》，见朱杰人、戴从喜，《程俊英教授纪念文集》，上海：华东师范大学出版社，2004：297—298。

2　程俊英：《程俊英自传》，同上书：281.

3　同上。

那样美丽”的感慨，用“极度反感和无限苦闷”来描述第一年的学习生活。在描述 1917 年到 1918 年的国文学习时，程俊英一律用“老朽”来称谓当时的古文教师。“戴礼，女，国文专修科主任，是个老朽，讲授经学宣扬封建伦理道德；陈树生[1]，男，讲授古文，是个专讲桐城义法的老朽。”[2]就连当时的校长方还，也一样是个“老朽”。这时的文言学习之所以会令她反感，并不是因为文言本身的语言形式，而是文言所传达的理念和内容：“戴礼给我们讲三从四德，我们听不进去，对他很反感。”[3]《礼记·内则》的讲授，桐城古文的习作，一切的一切，全不合一群壮志凌云的女青年的理想和要求。”[4]卡明斯（J. Cummins）和戴维森（C. Davison）指出，语言课堂教学是教师和学生之间建构并协商认同的社会实践的一个缩影。教师和学生的交往并不是中性的，他们的言谈反映了大语境中存在的种种权力关系，如文化期待、机构划分、社会等级、性别区分等，而老师传达的认同信息一旦与学生的期待相左，便会产生消极的作用，致使学生对语言学习产生抵触情绪。(Cummins et al., 2007：616) 这正是程俊英当时的情况：她所追求的是一个独立自强的新女性身份，期待大学的学习能帮助她实现自己的愿望。然而，课堂学习的内容却让她失望，她眼中的任课教师，包括校长所认同的女性身份，仍然停留于旧时代。就是这种语言学习与理想认同之间的断裂，为程俊英投资白话文创造了空间。

这时正是五四运动前夕，社会上妇女解放、追求自由和民主的呼声已经响起，并对程俊英产生了积极的影响。她和同学们约定：“与其窒息而死，不如吐气而生。”[5]于是一群女生上书校长，

1　根据《北京女子师范学校现任教员基本情况表》(1918 年 4 月)，应为潘树声，此处疑为笔误。参见《北京女子师范学校一览》(1918)，第 91—94 页。
2　程俊英：《“五四”时期的北京女高师》，见朱杰人、戴从喜，《程俊英教授纪念文集》，上海：华东师范大学出版社，2004：293。
3　同上。
4　程俊英：《程俊英自传》，同上书：282。
5　同上。

提出不听戴礼的课，要求撤换老师。就这样，戴礼和潘树声被相继撤换[1]。很快，蔡元培的学生陈中凡应聘来到女高师，教授"经学通论"和"诸子通谊"两门课。程俊英非常喜爱陈先生的教学理念和方法，认为他的教学方法让她"印象最深，受益最多"，是一种"以乾嘉时代朴学之风，传授其渊博的学术造诣及踏实的治学方法"[2]。程俊英最为受益的，就是陈中凡老师"标点句读，写段落大意，用今语注古语"的新颖教学法。在程俊英的回忆录中，按时间推算的话，这是她第一次正式提及白话文。在说到陈中凡的教学法时，她对"今语"这一语言形式只是一语带过，看来这时的程俊英仍然以文言为学习的重点，白话只是帮助她理解文言文本的辅助性工具而已，并不是一种需要学习和研究的"语言"。然而，由于形势所趋，她的语言意识形态很快起了变化，不得不权衡文言与白话两种语言形式，并决定自己的学习以哪一种为重了。

　　陈中凡在女高师任教以后，开始陆续把北大哲学部、国文部的老师请到女高师来授课，其中就包括胡适。1918年胡适开始在女高师任教，在他的影响下，程俊英的语言意识形态开始转变。"胡适，他在五四运动以前就有名。……他在我们班里就提倡写白话文。方还一直让我们作文言文，学桐城派。后来听胡老师讲课，我们就开始作白话文。"[3]"我从一九一八年起就不作堆砌词藻、空疏无物的古文了。"[4]在自传和其他回忆文章中，程俊英断断续续描述了这一时期她关于语言学习的思考，她在毕业之际确定了自己日后的人生方向——"教育，齐家，研究古典文学"[5]。这表明，她的认同逐渐清晰起来，她将不仅是一位教育者，一位妻子，还是一位古典文学研究者。

1　程俊英：《回忆女师大》，见朱杰人、戴从喜，《程俊英教授纪念文集》，上海：华东师范大学出版社，2004：346。
2　程俊英：《陈中凡老师在女高师》，同上书：343。
3　程俊英：《"五四"时期的北京女高师》，同上书：294。
4　程俊英：《陈中凡老师在女高师》，同上书：342。
5　程俊英：《回忆女师大》，同上书：351。

4.1.2　影响因素分析

总结起来，在女高师学习期间程俊英语言学习和认同的转变，可以从三个方面来解释：（1）语言意识形态的调整；（2）语言资本的转变；（3）权力体系的控制性力量，主要表现在实践共同体的纳入与排外力量上。而且，这三个方面的因素是相互交叉的，正如第二章达尔文和诺顿新投资模型中显示的那样。

（1）语言意识形态的调整

由于自小养成的语言惯习的影响，程俊英仍然坚持文言作为权威、正统文学语言的地位，但同时，她也认可白话文作为传播新理念、宣传新思想的先进语言形式。可以发现，这种语言意识形态其实是取了折中的观点——既不抛弃文言，又不否定白话文。首先，程俊英意识到，文言过于僵化的词汇、名目繁多的修辞规则等，限制了它"传情达意"的语言功能。在一篇习作中，她这样分析文言的缺点：

> 夫文词约分纪事、抒情、言理三种。苟叙事毕具首尾，传人如亲面目，说理朗畅精微，抒情缠绵悱恻。斯亦足矣。至练字遣词，安章宅句，则随手为变，因时不同。要皆意在笔先，笔随意转，岂能以一定之法，作空虚之言，惟起、承、转、合之是乎！ [1]

也就是说，在这一阶段，程俊英认为，语言学习的重点应该是语言使用能力，主要是写作能力的习得，一个好的语言使用者应该具有良好的使用语言来纪事、抒情、言理的能力。语言形式要服务于"传情达意"的功能，如果因过于关注语言形式而限制了语言功能的发挥，写出的文字便只是"空虚之言"而已。虽然文言有"堆砌辞藻"的弱点，但她对白话文能否推行却不乐观。1919年，她表达了自己对"言文合一"的看法，认为"采定字母

---

[1]　程俊英：《论批评家论文之陋习》，载《北京女子高等师范文艺会刊》，1919（1）。

标记音素"虽有合理的一面，但提倡者需要考虑中国语言文字的特点，审慎地思考"言文合一"在中国施行的可能性。程俊英认为，言文合一主要难在两点：

> 欧洲音符文字，数十音符，拼合成字。中国楔形文字[1]，每事每物，必求其形。形不可通者，然后俪之以声，声不可通者，然后展转取譬，以求其意，不能如泰西以数字数音拼合，即成为字，即成为音，则演声之行不可能，而文字必不能如言语之复杂，以供其用，此言文合一之难一也。
>
> 即就任教育者言之，亦大半各本乡音，然欲言文合一，则必当以国音统一为前提，若使人人能讲标准语，非数年不为功，此数年中之教育，将废弛以待国语之习熟乎！此言文合一之难二也。[2]

程俊英认为，中国表意语言文字的特点决定了若照搬西方文字规律对本国文字加以人为的改革，以达到言文合一的目的，必然会造成书写词汇上的缺乏，限制语言功能的实现。而且，在教师自身都各持乡音、不通国语的状况下推行国语教育是不现实的。在这种局面下，语言学习者和使用者该如何自处呢？她给出的建议是：

> 苟能以古代文字之形声义，及古人属辞比事之法，通其条贯，定其规律，补其缺漏，张皇幽渺，使承学之士，得其途径，乐于研究，而华夏文学之特色不失，价值益高，久之读书之人既多，则言趋之乎文亦未始不能合一，岂不胜于以文就言哉！[3]

对程俊英而言，中国文字的奥妙以及古典文学之美，都应该成为学者的研究对象，不能因为言文合一的趋势而草草抛弃。言

1　这里所说汉字是楔形文字，是不正确的。对于汉字的性质，学界至今仍有争论。较多学者认为汉字属于意音文字。

2　程俊英：《言文合一之研究》，载《北京女子高等师范文艺会刊》，1919（1）。这篇文章目录下方注明的作者为"程俊英"，但正文标为"刘云孙"，经考证，"刘云孙"为误印，这篇文章确实出自程俊英之手。

3　同上。

下之意，古典诗词乃是正统的文学，文言才是权威的文学语言，使用者所要注意的，是不要为了追求语言的形式之美而忽略了语言"传情达意"的交际功能。有学者认为，学习者所持的价值体系很大程度上决定了他的行为偏向和行为方式，并区分了三种语言价值观，其中第一条就是"内在的价值观"，指的是学习者对该语言的兴趣和对实际学习过程的享受（Dörnyei，2001）。程俊英坚持文言学习，一是受"文言是权威文学语言"这一意识形态的影响，二是受语言"内在价值观"的影响。她非常喜爱黄侃教授的"文学概论"和"诗歌"，顾震福教授的"文字学"和"诗词学"，以及胡小石教授的"诗歌习作"和"修辞学"。在胡小石的"修辞学"课上，她一个学期记下了厚厚的一册笔记，并写了一篇《〈诗〉之修辞》作为学期论文。三天以后发卷，这篇论文得了100分，老师还鼓励她投稿发表。在"犹豫不决"几天之后，她最终鼓起勇气，给《学衡》杂志的主编吴宓写了一封自荐信，连同论文一起寄了过去。此文"竟予发表。虽无稿费，但见他赠阅的《学衡》时，我是多么开心，多么感激胡老师培育之恩啊"[1]。

可见，五四时期男权社会体制的松解，为程俊英学习文言、建构"知识分子"的认同提供了空间，她初尝研究的乐趣，对文言的投资也开始得到回报。与此同时，她对白话文的态度也在慢慢改变。她对白话文地位的认识，由"俗文学的明清小说"，"不登大雅之堂"的语言，转变为接受其作为学术语言，这主要是受了胡适的影响。"胡适老师教我们'中国哲学史'，讲义是用崭新的白话文写的。《新青年》中的《文学改良刍议》一文，提出'八不主义'，给我的影响尤大。"[2]胡适使用崭新的白话探讨中国哲学，让程俊英看到白话文作为学术语言的可能性。然而，她也明确表

1　程俊英：《胡小石老师在女高师》，见朱杰人、戴从喜，《程俊英教授纪念文集》，上海：华东师范大学出版社，2004；339。

2　程俊英：《程俊英自传》，同上书：282。

示："对新诗还有保留意见，如《尝试集》中的'一对黄蝴蝶，双双飞上天，掉下那一个，孤单怪可怜'，总觉得它的味道不如旧诗词之含意隽永，所以仍旧跟着黄侃老师学诗。"[1] 也就是说，她仍然质疑白话文作为文学语言的地位，认为白话文的语言形式还不够成熟和完善，在表达效果上无法和文言媲美。教师的语言价值观与自己的语言价值观发生了冲突，她于是有了想要研究一番的渴望，就找胡适借《新青年》。"回校以后，我一口气从第一卷读到末卷，顿觉头脑清醒，眼睛明亮，好像从'子曰诗云'的桎梏里爬了出来。"[2] 可以看出，她对白话持愈发接受的态度。

　　除了自发性的探索，"五四"期间发生的一系列事件，促使她彻底改变了思想，把白话文与妇女解放挂钩，认识到白话文才是传播新理念、宣传新思想的先进语言形式：

> 我参加她（李超[3]）的追悼会，陈独秀老师主持追悼会并在会上发言，激昂慷慨。……胡适老师也在会上讲话，会后作《李超传》一文。不久……陈独秀老师又来我校演讲，谈民主科学与妇女解放等问题，给我留下深刻的印象。接着，蔡元培校长也来了，谈了"国文之将来"，大家都说，我们别再作文言文了。[4]

　　《国文之将来》，这篇为后来在中小学校开设国语课鸣锣开道，在现代语文教育史上有着重要地位的演讲，并不是在北大，而是在女高师所做的，程俊英正是听众之一。在演讲中，蔡元培认为，语言教育的目的全在于应用，是为了要"全国的人都能写能读"，以适应生活、工作、学习的需要，而这些都是"应用文"。何为应用文？是指记载说明的文章。所谓记载，"是要把所

1　程俊英：《程俊英自传》，见朱杰人、戴从喜，《程俊英教授纪念文集》，上海：华东师范大学出版社，2004：282。

2　同上。

3　李超是女高师的一名学生，拒绝接受其兄安排的婚姻而被断绝经济来源，因无钱治病而死。

4　程俊英：《程俊英自传》，见朱杰人、戴从喜，《程俊英教授纪念文集》，上海：华东师范大学出版社，2004：283—284。

见的自然现象或社会经历给别人看"；所谓说明，"是要把所见的真伪善恶美丑的道理与别人讨论"，"应用文一定全用白话"。"李超事件"促使程俊英思考真伪善恶美丑，意识到传播民主、科学以及妇女解放是自己应负的使命，而若要完成这个使命，自然就要去学习那描写经历、宣扬道理的白话文。至此，程俊英的语言意识形态，特别是对白话文的认识，得以真正转变。这种转变，也映照了她新的身份认同，要做一名传布新思想、新理念的时代新女性。

（2）语言资本的转变

在1920年国语获得官方语言地位之前，文言在中国社会无疑代表着较高的文化资本。由于上千年来言不同文的语言状况，导致精通文言成为精英知识分子的标志，也只有学会文言书写，才能获得话语权。科举制度又保证文言所彰显的文化资本具有便利地转换为经济和社会资本的条件，学习文言，考取功名，可以提升个人甚至整个家族的社会地位。然而，随着科举制度的瓦解和国语运动的开展，作为改革派的新型知识分子精英们不仅提倡，而且身体力行使用白话文，白话文的社会地位，逐渐从"贩夫走卒"的语言提升至"通行于今人喉舌"的语言。正如蔡元培所预言的那样，在白话和文言的竞争中，"白话派一定占优势"。白话文的符号资本开始确立，并最终获得官方语言的地位，成为国人获取教育资格、融入主流社会的必需。而文言的地位逐渐衰落，其所附带的文化和经济资本也逐渐削弱。作为一个社会人的程俊英，不可能不受这些因素的影响。她所就读的女高师以培养国语教师为目标，这里的国语，显然就是白话文。在这样的语言市场和教育环境下，程俊英接受并学习白话文，自然与其所附带的资本相关。它不仅可以帮助程俊英确定新女性的认同，还可以转化为经济资本，帮助她将来获得为主流社会认可的地位。

1920年冬，程俊英开始担任《益世报》副刊《女子周刊》的编辑，这时的她已经不再纠结于白话是不是权威的文学和学术语言了。她开始用白话创作小说，并思考新文学的主题。在《需要文学作品》一文中，她指出，小说、戏剧等新文学创作背负着"社会改良意义"，呼吁新文学创作要直面贫民生活的悲惨和恶势力的压迫，不应局限于描写恋爱和两性关系[1]。随着白话文作品的发表，她开始确立自己白话文使用者的身份，并以这种新身份呼吁，新时代的作家要意识到白话文这一新的官方语言的力量和优势，鼓励作家们以白话文为工具，促进社会改良。

然而，我们必须看到，文言所附带的文化和经济资本虽然在衰落，但其作为正统文学语言的地位却相对稳定，至少在程俊英的认识里是这样的。自小偏爱古典文学的经历，以及传统知识分子家庭的耳濡目染，决定了程俊英偏爱文言的惯习。她不可能完全抛弃文言，而是相对冷静地看待文言和白话，努力在二者之间寻得平衡。这种在文言、白话权力对峙间取得的平衡，反映在她的认同建构上，表现为一种多元的"和谐认同"（harmonized identity）（Beijaard et al., 2004）。此外，程俊英研究古典文学，主要是《诗经》。与《礼记·内则》比起来，《诗经》的语言是相对中性的，既蕴含古典语言文字之奥美，又不带有明显的性别倾向，与程俊英对理想认同的追求并无冲突，这也是她坚持文言学习不可忽略的原因之一。

（3）权力体系的控制性力量——实践共同体

随着五四运动的展开，北京各校园内开始形成不同的学术团体。那些坚守文言、遵行旧的性别观念、维护旧的权力体系的团体被称为"守旧派"；而推行白话、倡导妇女解放、志在推动社会变革的团体被称为"改良派"。这两派学术团体，分别享有自己的语言意识形态和为之追求的目标，形成了各自的实践共同体。

改良派视白话为一种能够有力地传播新理念，推动民主科学、

---

1 《益世报·女子周刊》1921 年 11 月 7 日、11 月 14 日、11 月 21 日、11 月 28 日第一版。

妇女解放的语言，一种标榜"独立、自主、爱国、改革"的共同体所应拥有的社交语言。程俊英渴望加入这个共同体，甚至觉得自己已经是这个群体中的一员。五四运动的第二天，当程俊英从陈中凡那里听到北大学生罢课的消息后，"早已蕴积在我心底的那种冲破一切封建樊笼，建立全新的科学民主中国的爱国火焰勃然燃起"[1]。从那时起，她开始积极参加各种游行示威活动，不仅参与编写刊物《女界钟》，更到街头演讲，宣传罢市，甚至参与上书总统，要求释放被捕的北大学生，并提出尊重学生人格、自由演讲等要求。当校长方还企图阻止游行时，她和同学们一道从后门破门而出，视前来镇压的军警为草芥，最终在社会上引起巨大反响。在自传中，程俊英不无自豪地说："这是中国有史以来女子第一次的干政游行。"[2]回校后，发现陈中凡老师因参与学生游行一事受到校长斥责，她又和同学们一道起草了《驱方宣言》，印成传单散发，并送教育部一份，最终赶走了被她称为"老朽"的校长方还。通过参与这一系列事件，程俊英实现了"冲破一切封建樊笼"的理想。对自己的女性身份，她由小时的"要反抗"，发展为今日的"第一次干政成功的中国女子"，得意之情弥漫于字里行间。

从 1921 年起，程俊英频繁参与学术活动，例如"参加学生组织的杜威研究会，听过蔡元培的公开演讲；又参加北大罗学研究会，听过罗素几次演讲"[3]。接受并使用这个社团所认为合法、权威的语言，就是发展理想认同的第一步。只有与蔡元培、胡适，还有自己身边的朋友使用同样的语言，持相同的价值观，她才能真正融入他们所属的群体。在任何社会中，话语意义的实现、讲话者的身份同社会关系三者之间，都有着密不可分的关系。正如诺顿指出的那样，讲话者在开口说话时，并不仅仅是在与听话者

1　程俊英：《程俊英自传》，见朱杰人、戴从喜，《程俊英教授纪念文集》，上海：华东师范大学出版社，2004：283。
2　同上。
3　同上书：284。

交换信息，也是在探寻自己的身份，确定自己与这个社会之间的关系（Norton，1997：410）。换言之，他们是在协商和建构社会认同。图希等学者认为，课堂教学是社会实践的一个缩影，教师和学生在课堂上不仅要教学知识，更要协商、建构认同，这种认同对学生的语言学习和语言实践会起引导性作用（Toohey et al.，2007：625—638）。最终，程俊英在语言的学习和使用中完成了认同的协商：通过把文言视为值得研究的对象，把白话当作积极参与社会改革、妇女解放运动的工具，她自由地穿梭于新旧语言之间，成为一位有思想、敢行动、富有批判精神的时代新女性。

　　1922 年程俊英大学毕业，经胡小石推荐，留校任校刊编辑，同时在北京女一中兼任国文课教员。1923 年，她同北京师范大学教育研究所主任、心理学家张耀祥结婚，"誓以尽瘁教育为我们二人的终身职责"[1]。1926 年，她接受傅铜、黎锦熙的邀聘重返母校[2]，继续担任校刊编辑并兼授一年级国文。此后数年，她分别就职于不同的高校，都以教授国语国文为主要职业。到 1946 年，她回忆说：

　　　　回想自从大学毕业后的二十多年中，我的每一个白天都是在课堂上和抚养五个孩子的家事中度过，每一个夜晚都是在埋头批改学生的作业中溜走。我常说，我的时间是在讲台上和学生的作业簿中流逝的！[3]

　　此后，她提及自己对女性人生的看法，那就是"将爱寄托在事业里"[4]。她于 1993 年去世，时人称她为"中国第一代女教授""著名《诗经》研究专家"[5]。后人对程俊英的评价证明，她实现了自己毕业时怀抱的人生理想："齐家，从教，从事古典文学研究。"

　　以上是对影响程俊英语言学习与认同建构的因素的解析。她

1　程俊英：《程俊英自传》，见朱杰人、戴从喜，《程俊英教授纪念文集》，上海：华东师范大学出版社，2004：284。

2　女高师于 1924 年升格为"国立北京女子师范大学"，简称"女师大"。

3　程俊英：《程俊英自传》，见朱杰人、戴从喜，《程俊英教授纪念文集》，上海：华东师范大学出版社，2004：285。

4　同上书：267—268。

5　蒋见元：《中国第一代女教授——程俊英》，载《古籍整理研究学刊》，1989：42—43。

的认同发展轨迹表明：一方面，社会结构性力量对个体的语言学习和使用产生巨大影响，她的文言学习和白话文学习都清晰地表明了官方语言既是一种"暴力符号"又是一种"权力媒介"的属性（Bourdieu，1991）；她不同时期的语言学习，既屈从于官方语言的资本力量之下，又借助官方语言的资本来获取权力，协商认同。另一方面，程俊英在白话和文言的权力对峙间寻找立足点，建构和谐认同，也显示了个体能动性的发挥，表现出语言学习与认同建构性的一面。

4.2 个案二：黄英

4.2.1 国语学习经历与认同建构轨迹

黄英的父亲为前清举人，官至长沙知县，在她6岁时去世；其母亲为不曾读书的旧式女子。黄英从小也有机会学习文言，并在9岁入读教会学校，接收正规学校教育。然而，同样出身于前清知识分子阶层，程俊英被家庭置于"享有特权的学习者"地位，而黄英的家庭，虽然也有能力为她的语言学习提供便利，却没有这么做。黄英出生时恰逢外祖母去世，被母亲视为"不祥"，交由奶妈抚养，她因此认为自己的地位连婢女都不如。在父亲带领全家乘船去长沙赴任的路上，她因年幼害怕而啼哭，又差点被父亲抛入水里。这些使她"对人生的估价无聊消极"[1]。到了读书的年龄，哥哥和表哥都是由请来的先生教，而教她的却是姨母，一位不曾进过学校、仅能读《女四书》之类的女性。从回忆文本来看，黄英所遭遇的边缘化，表面上是由她的出身造成的，然而，深层次原因却是中国社会的性别规范：女性不仅在家庭和社会中被边

---

1 庐隐：《庐隐自述》，合肥：安徽文艺出版社，2014：4。（若无特殊说明，以下所引均出自此书。）

缘化，且往往是家庭不幸的代罪羔羊。在任何社会，人们往往按照被大多数人视为"正常"的意识形态行事，这种意识形态经由重复的话语，渐渐固化为文化，成为影响性别认同建构的重要因素。

在这种压抑的家庭环境下，黄英"内心感到一种说不出的荒凉，对于读书简直一些趣味都没有"。她连字都认不清，更不愿去背诵，即使被姨母和母亲连番责打，甚至关入黑屋挨饿，也还是不肯读书。可以说，早期的家庭教育并没有帮助黄英形成清晰的语言意识形态；在语言惯习的养成上，她对文言学习是厌恶的。"我从心里厌恶，情愿把白粉墙上的粉，一块块剀下来，再也不愿意去看那本短命的书。"如此情景下，她对自我的认识，即自我的认同建构，是非常压抑和负面的——"下流、愚笨，这时便成了我人格的整个象征了"。在自传中，她这样描述童年的自己：

> 当我小的时候，已被冷酷的环境，压迫得成了一个木然无所动于中的人物。又因为家人料定我是没出息的，所以美丽梦幻——我从不敢轻易沉溺，而且我也自信是个没出息的，不然，为什么人人都会做的，我偏不会；人人都爱的，我偏不爱呢？

诺顿认为，教育对于个体的语言学习和认同建构具有积极的干预性力量，而这种干预力量发生作用的前提，是社会不同权力间的冲突与落差（Norton，2010）。黄英后来通过白话文学习来获取语言资本和话语权，进而转变认同，与民国时期文言和白话之间权力关系的斗争有着密切的关系。1908 年黄英 9 岁时，入读教会学校慕贞学院（Muchen Methodist School for Girls）的小学部，开始学习白话文。这一时期，国语运动处于萌生阶段，文言作为书面官方语言和教育语言的地位已现颓势。这种新旧势力的冲突，为黄英通过白话文学习，获取语言资本和话语权，进而转变认同提供了空间。

与国立学校不同，教会学校在白话文教育上是敢为人先的。新教传教士对口头语言较为重视，这种基督教语言观使得他们很早就预见到白话文将最终取代文言文而成为书面语。早在1892年，狄考文就认为"官话最终要加以丰富、改良进步得到尊崇，不但是中国的口语，而且也要成为文学"[1]，李提摩太（Timothy Richard）在《中国的教育问题》（1899）中提出白话文应该同外国语一起成为教育的语言[2]。如此，早在19世纪，传教士们就开始白话文教授的行为。入读教会学校，学习白话文，开启了黄英打破负面认同、建构新认同的局面。在自传中，黄英写道，自己在教会学校虽只读了半年书，居然读得很好，而且"会写白话信了"。白话文写作首先改变了黄英在母亲心目中的形象。她写道，自己由于年小，在教会学校受了不少"压迫"，生病时试图向母亲写信求救，而那封"歪来斜去"的白话信居然"发生了效力"，促使母亲来到学校，愿意每月多付钱来改善她的伙食。这封救命的白话信，让黄英感受到白话文的力量和作用，她开始很起劲地读书。她学习的目的既简单又明确，就是要"打破童年的厄运"。由此可以认为，白话文学习对于黄英来说，确实体现了她欲获得家人认可、建构新的自我的愿望，是她对自己人生的积极"投资"。

由于不愿在教会女校受年长学生的欺压，黄英想要考取国立高等小学，她便悄悄同长兄商量，请他教自己作文章，而且居然考上了。进了高小后，她拼命用功，"竟大大进步了"。这样的投资，终于逐步改变了她的认同。"我整个的换了一个人格，此前笨小鸭的我，现在居然有聪明之誉了。"前人的研究已经表明，认同和语言学习之间是相互建构的关系（Norton，2000；高一虹等，2013b）。这种相互建构关系在黄英身上得到了体现：白话文的学习，帮助她实现了从"笨小鸭"到"有聪明之誉"的认同转变；

1　Charles H. Corbett. *Shantung Christian University (Cheeloo)*. New York: United Board for Christian Colleges in China, 1955: 129.

2　陈景磐译自《中华教育会第三届年会会议记录》。引据陈学恂，《中国近代教育史教学参考资料》（下册），北京：人民教育出版社，1987：50。

而这种认同的转变，让她更加体会到语言对于提升自己在家庭中地位的重要性，于是在学习上愈发用功。"我受了这些奖励更加起劲，一天到晚不肯歇息的读书作短文"，并考取了师范预科班。在这段自传的结尾处，她写道："她们（家里人）点头叹息道：'想不到这孩子竟有出息！'""因为我自己奋斗的结果，到底打破了我童年的厄运。"

带着"出息""聪明"的新认同，以及对白话文偏爱的语言惯习，黄英开始了中学阶段的学习。黄英13岁入中学时，即1912年，这一时期，白话文尚未成为官方语言，没有被纳入学校教育的科目，语言学习仍是围绕文言进行的。尽管语言惯习会随着社会结构、教育内容的调整而动态演变，但这种演变是非常缓慢的，要经过长时期的"反向训练"（countertraining）才能出现（Bourdieu，2000：149）。虽然中学时期接受过系统的语言教育，黄英的语言惯习却并没有什么改变，她依旧厌恶文言，偏爱白话，尤其喜欢白话文小说。由于学校"只管照着老调唱"，她仍然视读书为"畏途"，"只要听见下课铃一响，便没命的逃了"，中学阶段"只是读过一些唐宋八大家的古文选，《四书》《五经》也只是读过《诗经》同《孟子》"，"连封信都写不通"。而阅读白话小说对她则是"自寻光明"，"这种书里满含着逼真的活泼的事实，这些事实可以解忧，可以消愁，也可以给人以刺激，予人以希望。因此我放弃其它一切的书，专门看小说"。

这段时间，黄英对白话和文言关系的朴素理解，与社会主流的语言意识形态却也相合。对于女性而言，文言及其承载的性别理念压抑着她们的精神和社会生活，而白话及其倡导的性别解放意在打破束缚，提升女性的社会地位。黄英在自述中虽未对主流的语言意识形态有所描述和评价，但她对白话文的喜爱，对文言的逃避，似乎是她对理想认同的一种朦胧的向往，想要打破男权社会的束缚，成就自我。然而，由于得不到任何正规、系统的训练，她对白话文的喜爱只能成为一种阅读爱好、一种逃避现实的手段，对于她的认同建构，并未产生显著的影响。于是，中学毕业时的黄英，并没有建构起理想的认同，她对未来的理解是迷茫的。她曾在三个学校尝试教员的工作，均不能获得成就感，于是便有了继续学习、积累知识、充实自我的愿望："我深切地了解我的学问不够，我只能再读书，不能再教书了。"1918 年，她以旁听生的身份，入读女高师，开始有机会接受正规的白话文教育，并在学习的过程中逐渐建构起理想认同。

4.2.2　影响因素分析

同为清末民初女性的一员，黄英的学习经历与程俊英极为相似。当她意欲接受高等教育时，性别造成的障碍亦横亘在她面前。女性边缘化的社会地位，成为她接受正规语言教育的障碍。虽然哥哥在国外接受教育，但母亲对她报考女高师是极力反对的，认为"一个女孩子，已经中学毕业，就很够了，还要读书，作什么？"此外，家庭也不再为她的学习提供资金支持——"我现在也没闲钱供给你，你自己去仔细想想吧！"如此情景，加上之前不愉快的教书经历，以及旁听生的身份，使黄英的认同处于压抑状态，认为自己"处处不如人"。然而，一旦开始接受白话文教育，黄英的认同就开始转变。我们依然从如下三个方面来分析大学阶段黄英的语言学习与认同建构：（1）语言意识形态的调整；（2）语言资本的转变；（3）权力体系的控制性力量。

（1）语言意识形态的调整

入读女高师之前，社会主流的语言意识形态似乎并未对黄英产生影响，她对白话和文言的理解主要是出于朴素的自我感受。刚入学时的黄英，由于文言功底不足，产生了极大的不自信，感受到自己与旧式语言教育模式培养出来的学生之间的差距。她们"中文很有根底，满腹典故"，"当我进学校时，看见那些旧学生，趾高气扬的神气，简直吓倒了"，"觉得自惭形秽"。这便是刚入校时的黄英对自己的身份定位：语言能力落在人后，缺乏自信，茫然失措，完全不知道要怎样应付后来的学习。然而，随着语言学习的深入，经由课堂和校园话语显性表达的语言意识形态，逐渐对她产生影响。下面的一段话，表明意识形态如何经由教师的话语得以传布：

> 在我进大学的那一年，胡适先生极力提倡白话文，——同时胡先生又教我读《中国哲学史大纲》。

胡适提倡白话文，认为文学史是文字形式新陈代谢的历史，文学革命是"用一个时代的活的工具来表现一个时代的情感与思想"，"中国今日的文学革命，是用白话替代古文的革命，是用活的工具替代死的工具的革命"[1]。他在不同的场合宣传"八不主义"的写作新规则，呼吁今后的写作要"注重言中之意，文中之质，躯壳内之精神"，即要抛弃过度关注语言形式的陋习，将注意力放在语言功能的实现上，而"不用典"就是"八不主义"的第六条。除了"八不主义"，胡适还认为，"白话文的文学是中国千年来仅有之文学。非白话的文学，……皆不足与于第一流文学之别列"[2]。这样的话语对黄英产生了极大的震撼，不仅帮她形成了清晰的语言意识形态，还极大地激发了她学习白话文、探索新文学的热情。胡适对文白语言功能和意义的解剖，对黄英的自我认同发展产生了积极的作用。她写道："在这个时期，我的思想进步的最快，所谓人生观者，也略具雏形。可是这个时期，我也最苦闷，我常常觉得心里梗着一些什么东西，必得设法把它吐出来才痛快。……于是，我动念要写一本小说。"

写一本小说，是对白话作为"第一流"文学语言的实践。然而，在五四运动初期，仍有不少人将"新文学"视为洪水猛兽，认为"新文学不用学就会"，这样的话语是时人对白话文作为文学语言的怀疑。白话被认为是平民阶层的语言，在守旧人士眼中，

1　欧阳哲生：《胡适文集》（第1卷），北京：北京大学出版社，1998：142。

2　胡适：《白话文言之优劣比较》，见姜义华，《胡适学术文集·新文学运动》，北京：中华书局，1993：8。

使用那贩夫走卒阶层的语言——白话——写作实在不算什么高超的能力，更不值得褒扬，这甚至不算是一种能力，因为它是不用学就会的。这样的语言意识形态，对黄英的认同建构造成了极大的干扰。由于她常常在公开场合表明自己的观点，并付诸文字，便"被众人视为新人物，时时被冷讽热骂"。

这样的局面直到1920年才开始有了转变。1920年后，国语运动蓬勃发展，北洋政府教育部明文规定，中小学改国文为国语，并在教育界开始推行，确定了白话作为国语和教育语言的地位。人们开始逐渐接受白话文，接受新文学，不再随意贬低白话文。同时，五四运动造成了空前自由的社会文化氛围，大批青年学子开始认同并使用白话文，这为黄英的认同转变创造了空间。1921年后，黄英开始频繁在《小说月报》《晨报副刊》等一流刊物上发表白话文章，同学们对她的态度逐渐变为"只好心里看不起，面子上倒不好怎么样"。如此，黄英逐步确立了自己新文学创作名家的身份。可见，若与社会主流语言意识形态相悖，个体便很难建构起超越现实的认同；只有当个体的语言学习和使用与主流意识形态相符时，其语言实践才有可能获得认可，其认同才有建构的空间。

（2）语言资本的转变

后现代主义的学者们认为，语言是一切社会组织、政治权力和个人意识赖以存在的根本。（具有官方地位和权威地位的）语言构成一种符号资本，能为其使用者带来威望、荣耀等非物质的利益，而这种符号资本同经济资本、文化资本一起，决定着语言使用者的社会地位和权力（Bourdieu，1991）。一方面是"使用官方语言得体地说话的能力"，另一方面是"达到发表水平的书面语写作能力"，比较起来，布迪厄认为后一种能力对于一个人确立自己"权威语言使用者"的地位更为重要，能够帮助使用者真正获得语言权力，进而控制各种资本。

几千年来，文言一直充当着区分"士"与"民"的标准，它也是一个人接受教育、成为"士"阶层一员的象征。书面语是一个社会"正确、权威"的语言形式，凌驾于通常不具书写形式的方言土语之上，而其写作规则堪称一套密码，必须经由正规的教育才能习得。黄英的自述表明，优秀的书写能力对她的认同建构影响非常之大，先是帮助她从"愧不如人的旁听生"跃升为"最优等的正班生"，又帮助她从"正班生"成长为文学创作名家。

在黄英入学女高师之初，白话还未成为官方语言、教育语言，文言书写能力代表着较高的文化资本，决定着学习者的地位。在文言方面，黄英似乎并没有什么优势可言。然而，一次作文课给了黄英表现书写能力的机会，使她完成了第一次认同的转变。在作文课上，先生出了一个题目，叫"《礼记·内则》中的时而后言论"。黄英表示，自己连题目都读不懂，属于"不学无术的人"，也不敢去问同学，"怕被她们笑了去"，只好悄悄跑到图书馆，找出《礼记》原文，研究一番注释，稍稍明白了一点，然后"花了一天的功夫，才把这篇文章做好，勉勉强强写了一千多字"。由于通篇只用了两个典故，想再加上几个，"但是可怜贫穷的脑子，到底想不起来"，因而挨到最后，才"老着脸皮"交了卷，然后便是提心吊胆地等待。但她万万没有想到，她的作文居然被选为最优，可以付诸发表，批语是"立意用语别具心裁，非好学深思者不办"。这样的评语让黄英欢喜得手舞足蹈，同学们也围了过来，要读她的文章。黄英说：

> 从此以后，我气焰日盛，再不肯受她们的愚弄。而且那些旧学生，反倒很看重我们——这个学期的插班生，只有我和苏雪林两个，第一个学期我们是旁听生，在年级大考以后，因为我们的成绩列于最优等，所以立刻升为正班生。

随着时间的推移，我国逐渐进入文白转型的关键期。这一特殊的语境，对黄英的语言学习和使用，以及认同建构自然会产生直接的影响。她认同的进一步发展，其实是裹挟在白话文成长为国语的过程中的。在建构新文学创作名家的认同上，黄英走了一段艰辛的路：在白话文成为正式的文学语言，获得权威符号资本之前，她"新文学作家"的身份受到了部分老师和同学的质疑；同时，她也根据语言的符号资本，来判定任课老师的地位，进而协商自我与教师之间的权力关系，为自我认同的发展寻找空间。本书在第一章梳理权力与语言学习的关系时已经指出，虽然占主导地位的群体（如校园语境里的教师）具有较大的影响力，但弱势群体（如学生）也有一定的机会协商权力关系，追求个人发展，这就是所谓的"协作性权力关系"为个体留有的发挥能动性的空间。

　　黄英尝试用白话写作小说时，是躲躲藏藏进行的，此时的她，对自己的白话书写能力并不确定，担心"万一写不好，被别人笑话"。当她最终写成一个短篇后，便希望得到权威人士的指点与认可，这权威人士便是老师了。她鼓足勇气拿去请"陈某"指点，"战战兢兢，真觉得他有无上的权威"。根据姜丽静（2008），"陈某"就是当时的国文系主任陈中凡，而陈中凡擅长的是文言研究，并非白话。他给出的评价是："你也想作小说么？这不是容易的事呢！你这篇东西就不像小说，我看还是不写吧！"这对于初尝白话文写作的黄英而言，真是个不小的打击。"被他这当头一棒，打得我全身痉挛起来！"当一个学生的语言能力遭到被视为权威的老师否定时，她在语言学习中建构起来的认同就可能停滞。黄英"满脸羞愧的接过那稿子来，撕了个粉碎"，随之而来的是难过和消沉的情绪。然而，黄英随后开始衡量陈老师的"权威语言使用者"身份。她的思考主要是围绕老师是不是一个权威的白话文使用者，是否具备点评白话新文学的资格进行的，结论是："他知道的只是一些经学通论这一类的旧东西。他有时连主观和客观都分不清，这么一个人，难道他也懂文学吗？"一旦推翻了老师的权威地位，黄英"胆又壮了起来"，她再次尝试白话写作，并主动建构新的认同。她的《一个著作家》终于发表于《小说月报》1921 年 2 月版，她体会到了"似于金榜题名时"的惊喜，从此开始了白话写作的生涯，逐渐确立了自己新文学创作名家的地位。正如布洛克指出的那样，"认同至少在某种程度上是一项有意识的反思行为，是由个体创造并维持运行的"（Block，2007：865）。黄英的坚持，显示了个体在认同建构中的主动性，以及与权力关系的共建性特征。

（3）权力体系的控制性力量——实践共同体

同样求学于女高师，黄英也生存在"新派"与"旧派"的权力斗争之间。这新旧之争，不仅是新旧语言之间的权力斗争，也是新旧性别规范的权力斗争。黄英的语言惯习和实践表明，她对旧派持反对意见，并渴望成为标榜新文学、新文化的新派一员。优秀的白话文书写能力，以及文白转型期间语言权力关系的转变，已然赋予她成为新式团体的成员身份，建构"新文学女作家"的认同也具有了文化资本的支撑。而这样的认同也为她在共同体内结交新朋友，开始新的社会实践创造了条件：她成为学生会干事，积极参与社会活动，如散发传单、组织请愿和参加示威游行等，表现出中国新女性勇于担当社会责任的一面。1921 年，她加入了文学研究会，是出席该会成立大会的唯一女性代表，打破了中国传统的性别规范，展现了自己新文学创作名家的认同；同时，她还和与自己年龄相仿、志趣相投的三位朋友——程俊英、王世瑛、陈定秀——组成一个新团体，时称"四公子"。她们都尝试白话写作，追求学业进步、女性独立和解放，也以教书育人为自己终身的职业目标。

这一时期，黄英的语言行为无一不在彰显着她新派团体成员的认同。首先，她以新派作家的身份，就创作家的责任发表看法：

> 创作家对于……社会的悲剧，应用热烈的同情、沉痛的语言描写出来，使身受痛苦的人，一方面得到绝大的慰籍，一方面引起其自觉心，努力奋斗，从黑暗中得到光明——增

加生趣，方不负创作家的责任。[1]

此外，她还发表了《利人与利己》《新村底理想与人生底价值》《整理旧文学与创造新文学》等文[2]，申述自己对社会、人生、文学等主题的看法。这样的语言实践，都在标榜和申明她新派团体成员的身份。似乎可以说，那个当初因为女性身份而几乎被剥夺接受高等教育权利的女性，通过自己的努力，特别是白话文写作，成功挑战了社会上的性别禁忌，加入了向往的共同体，似乎已经达成了理想的认同。然而，社会结构是不同的实践共同体交叠而成的，任何个体都不可能仅生存在一个共同体的内部。当个体进出不同的共同体时，会受到不同权力关系的束缚，其语言和认同也可能遭受"误识"（misrecognition）（Bourdieu，1990：68）。

当黄英利用白话文，以新派女作家的身份发表作品时，中国主流社会的性别规范，特别是关于婚姻与两性关系的陈规，使她在主流社会中受到质疑。黄英在中学时就已订了婚，而等她进了大学，特别是参与街头演讲、示威游行，以及加入文学研究会后，男方开始对她有了微词。"虽然没有反对，不过他却劝了我许多话，觉得我一天到晚在外面奔走是可笑的，一个女人何必管那么多事呢！"这样的话语所传递的性别规范让黄英很不高兴，后来，这位"某男"又来信，让她言行别太新式，还说自己要去考高等文官。这种理念上的不和使她决定提出退婚。此举哪怕在标榜婚姻自由、女性解放的团体里也遭到了反对，可见性别规范对个体思想和行为的巨大约束力。虽然她最终得遂心愿，但对主流社会性别规范的挑战，使她饱受批评与质疑，生活压力剧增。在这种情形下，黄英的认同表现出对实践共同体很强的依赖：她依恋女高师这个共同体，对于毕业踏入社会充满恐惧与抵抗。她在自传中

1　庐隐：《创作的我见》，原载《小说月报》，1921，12（7）。
2　分别发表在《北京女子高等师范文艺会刊》（1920年第2期）、《批评》（半月刊第4号）和《时事新报·文学旬刊》（1921年第29、30期）上。

写道："因为别人至少还有些美丽的幻梦——对于她们不曾经验的社会里，而我呢，是个中苦趣，已知二三，当然怀惧更深了。"在这样深怀恐惧的心理中，黄英为自己做了一个"狡兔之三穴"的人生规划：她希望自己能教书、写作和结婚当主妇三者兼得。将这样的人生规划称为"狡兔之穴"，是黄英试图在不同共同体间寻求认同平衡的一种尝试，也表现出她对于不同权力关系交叠、冲突的主流社会的逃避。

然而，黄英对于白话写作和女性身份的认知，并不为其时的主流话语所容，她作为新女性作家的身份，最终还是要建筑在与她思想一致的实践共同体之上。在自传的"思想的转变部分"一节里，当写到 1930 年后自己思想的改变时，她似乎已经放弃了融入主流社会的尝试，而更专注于去寻找、建构能够承认她认同的共同体：

> 我不单以个人的安危为安危，……我大胆地叫出打破藩篱的口号，我大胆地反对旧势力，我更大胆地否认女子片面地贞操观。但这些还不够。我正努力着，我不只为自己一阶级的人做喉舌，今而后我要更深沉的生活，我要为一切阶级的人鸣不平。我开始建筑我整个的理想。

后来她又写道，要用"通行于今人喉舌的语言"，来做"自己阶级人的喉舌"。这"自己阶级"，就是她所属的实践共同体。如此，白话文写作对于黄英又有了新的意义：其不仅赋予黄英打破权力体系、追求理想认同的语言资本，更成为她建构自我认同、探寻合法身份的手段。

斯温认为，通过语言来表达意义、认识及经历的过程，本身就是一种语言学习过程，也是一种自我认同的建构过程（Swain，2006：98）。黄英的语言学习经历表明，白话文写作不仅是她的成长途径，更是她的一种生活方式；不仅是为了获取经济、文化和符号资本，更是精神上的自我表达。她直言，自己在创作上的努力"是为了兴趣，有时也为名，但为了钱的时候，也不能说没有"，"我有时候就是为了表现我的生命而创作"。在黄英的诸多作品中，有不少是关于她对女性认同的困惑与反思，如《中国的妇女运动问题》（1924）、《何处是归程》（1927）、《今后妇女的出路》（1933）、《女人的心》（1933）等。《海滨故人》是黄英大学毕业后刊出的首部短篇小说，在社会上引起了巨大的反响。在这篇自传体小说中，她以主人翁露沙自居，追问学习对于女性成长的意义："十年读书，得来的只是烦恼与悲愁，究竟是知识误我，我误知识？"她还道出了身为女性的尴尬，一种"既不能彻悟，又不能奋斗，只能让无情的造物玩弄"的生存状况。[1]

　　1934 年她出版了个人自传，这种书写题材在当时的中国乃至整个世界的妇女界都可称为勇敢之举。王玲珍认为，自传题材的语言文字应用，将女性的"主体性"推到前沿，使女性在性别和历史类研究中发出了自己的声音（Wang，2004）。根据女性主义后结构论的观点，性别是通过话语建构起来的，主体也是经由话语建构而成的，而个人经历正是一种语言事件，必须通过语言的梳理，经历才会整合为知识。黄英的白话文学习故事让我们看到，语言学习在这位"五四"新女性的成长中发挥了显著的作用。很难想象，如果没有在女高师接受正规的白话文教育，黄英对白话小说的喜爱将会如何终结，她的人生又将会怎样度过。

4.3　本章小结

　　从以上分析可见，程俊英和黄英的语言学习与认同建构轨迹，既有相似之处又有明显区别，本节将对相似和差异之处及其背后的深层原因展开剖析，以求更好地理解民国初期国语学习、女性认同与社会结构之间的共建关系。

1　《海滨故人》最初发表于《小说月报》1923 年第 14 卷。本书引据 1985 年人民文学
　　出版社版《海滨故人·归雁》。

（1）相似性及原因解析

程俊英和黄英语言学习的相似之处，首先表现在白话文学习在她们新女性认同建构中的积极作用上，其次表现在她们语言学习和认同建构中能动性的发挥上。对第一点的理解必须依托新文化运动的语境。语言变革和妇女解放都是新文化运动的重要主题，二者相互交融，共同服务于现代民族国家的建设：白话文运动的目的之一是开启民智，书写新的思想和精神，革新文化；而妇女解放，则体现了当时的社会精英对"新文明""新社会"先进性的追求，具有文化革新的意义。新文明的先进性，是保障人的自由、尊严和权利，而占人口半数的妇女的解放，影响着这样的先进性在当时中国社会的实现（张文娟，2008）。胡适就是这种交融性的一个例子：他既是新文学运动的实践者，又是妇女解放运动的倡导者。此外，无论是妇女解放，还是国语推广，都显示出"民推官"的过程，它们的倡导者和组织者本身就在学校任教，其言传身教引发了社会各界对白话文学、国语运动和妇女解放的广泛关注，大批青年知识分子纷起效仿。如此，在成为女高师群体的一员后，随着与老师和同学的交往日深，程俊英和黄英都被新文化话语所环绕。当她们越来越多地参与各种游行、抗议、示威、文学创作等活动时，对她们来说，白话文作为区分新、旧人物的社会标签开始有了符号资本的意义。

程俊英从小就立下大志，要成为一名独立的新女性；黄英更期望自己对白话小说的喜爱能够得到世人的认可。如此，学习和使用白话文不仅是她们在女高师团体的一种参与性行为，更是建立自己共同体成员身份的行为。张莉（2008）通过对民国一代知识女性的自述研究发现，白话文阅读和写作，是民国知识女性意识到主体存在的开始。她们的白话文学习和新女性认同的建构，表现出社会结构对个体语言学习和使用的主控力量。对她们而言，作为官方语言的白话文，无疑既是"权力媒介"又是"符号暴力"（Bourdieu，1991）。她们借助白话文所赋予的权力，建构自己在女高师的合法地位，成长为新女性群体中的一员；而符号暴力的一面，则表现为她们白话文的学习和使用，是裹挟在社会结构和权力体系的变革中的，她们选择的是"必定获胜"的语言，这既是一种选择，也是一种对占主控地位的语言行为的顺从。可见，官方语言对于个体语言行为和认同建构的控制性力量。

此外，二人都在一定程度上打破了主流性别规范的束缚，体现了个体在语言学习和认同建构中的能动性。对这种能动性的理解，需从教育的干预性力量入手。面对家庭的反对，二人都遵从自己的内心，成功求学于高等学府；又都在文白转型期间，主动选择学习白话文，积极建构新女性认同。细读二人的自述会发现，她们的个体能动性得以发挥的条件，是男权与女权、文言与白话、新文化与旧理念间的"落差空间"，这样的空间给予了她们做出选择的机会和可能；而能动性的来源，则是教育，特别是读书识字的教育赋予她们的新知识、新理念，使她们不仅产生对新认同的渴望，而且可以借助语言的学习来选择与自我理念相合的共同体，并获取共同体合法成员的身份。正如诺顿指出的那样，权力体系间的落差，为教育在个体的语言学习和认同建构中发挥干预性力量预留了空间（Norton，2010）。

可以认为，个体能动性的发端和发挥，必须有合适的空间和手段，二者缺一不可。若将这两位学习者放置在大的社会历史背景下来看，中国女性接受高等教育这一事件，是两位学习者能动性成功发挥的体制保证。在民国之前，中国女性并没有接受高等教育的权利，教育在中国女性认同转变中的干预性力量作用渺小，甚至可以说，之前的女性教育是作为"复制文化和阶层"（Bourdieu et al.，1977b）的手段而存在的。"女子无才便是德"的社会话语，以及"贤妻良母"的教育理念，都保证了男权文化和社会结构的维持与延续。而随着高等教育开放女禁，特别是女子高等教育机构的成立，教育就开始发挥其"干预性"力量的一面。女子高等教育机构，不仅为女性学习新语言、建构新认同提供了空间，亦提供了手段，她们的能动性在教育机构内部得到培植和认可。而且，通过学习新崛起的国语，特别是白话文写作，女性有了书写自我的语言工具，并首次获得在主流社会的话语权。即使这种话语权的发挥仍受制于主流话语体系，其认同建构也受结构性力量的限制，但她们至少获得了抗争的空间和手段。

（2）差异性及原因解析

如果说对相似性的解析能够帮助我们发现规律，建构或提升理论；那么对差异性的解读，则引导我们查漏补缺，完善理论。本章两个案例最明显的差异性，表现在程俊英对白话文的保守态度和黄英的全心投入上。此外，二人的新女性认同亦有不同。程俊英的认同更多地表现出"和谐"的一面，而黄英的认同则更多的体现为"冲突"。是哪些因素造成了这些差异性呢？

谢克特（S. E. Schecter）和贝利（R. Bayley）的研究发现，当社会存在两种或两种以上语言和文化接触时，家庭的语言选择表现了这个家庭的认同定位，而语言学习就是儿童获得某种特定认同的过程（Schecter et al., 1997）。程俊英和黄英的学习经历表明，早期经由家庭教育养成的语言惯习对她们成年的语言选择和认同建构具有重大的甚至决定性的影响。程俊英对童年的回忆，同古文的学习紧密联系在一起。母亲日日教她诵读诗歌，父亲伏案夜读，外祖父在傍晚为她讲解古文中的典故，这些日常学习养成了她对文言的偏爱。程俊英幼小时，在母亲的严厉督促下，每日必读《诗经》，所以特别喜欢它。她对文言以及古典文学的偏爱，在大学时期也没有改变，从小养成的语言惯习引导她在文白转型期坚持学习文言。虽然被包裹在新文学的话语中，且在课堂上受到胡适的直接影响，她依然"觉得它（新诗）的味道不如旧诗词之含意隽永，所以仍旧跟着黄侃老师学诗"，并在毕业后选择《诗经》作为自己终身的研究课题，建构了"中国第一代女教授""著名《诗经》研究专家"的认同。而程俊英的语言惯习之所以能够维持，不仅因为语言惯习的改变是一个缓慢的过程，且需要系统的"反向训练"（Bourdieu，2000：149），即放弃学习和使用文言，改学白话，还因为女高师开放的语言态度为她语言惯习的持续发展提供了空间。虽然以胡适为首的革新派大力倡导白话文学，女高师依然开设古典文学课程，1921年即有潘树声、顾震福、胡光炜的模范文课程，陈中凡的学术文课程，以及胡光炜的修辞学等。

不同于程俊英，黄英的童年回忆充满了对文言的厌恶。她回忆自己被姨母关在小黑屋里读《女四书》，"感到一种说不出的荒凉，对于读书简直一些趣味都没有"。文言的学习让她认为自己是"下流、愚笨"的，而白话的学习则不仅帮助她改善生活，而且让她有了"聪明之誉"。这样的童年学习经历使她偏爱白话，抵触文言，语言惯习基本得以成型。大学阶段的学习更使她的语言惯习得到加强，白话文使她的资本价值最大化，她通过白话写作来表现自己的生命，同时也满足了兴趣和出名的动机，还能获得报酬。与程俊英大学阶段的学习语境相同，女高师对白话文学的开放态度，以及革新派共同体的存在，也为她语言惯习的持续发展，及其引导下的语言学习和认同建构提供了空间。她们的经历都表明，当权力体系为个体语言惯习的发展提供选择和空间时，童年时期养成的语言惯习很难被改变，且对成年阶段的语言学习和认同建构产生决定性影响。

此外，一个建构起和谐认同，另一个的认同始终处于冲突之中，这彰显了在存有语言冲突的社会，不同语言的权力关系对于个体认同发展的重要性。在程俊英的案例中，她对白话文的学习起初抱有保留态度，觉得文言才是权威的学术和文学语言，阅读、写作文言的能力具有将她同"不读书的旧式女性"相区别的社会意义。随着加入女高师群体，与老师和同学的交往日深，以及越来越多地参与各种游行、抗议、示威、文学创作等活动，她逐渐发现，文言的符号权力已经改变，只有守旧的人物才会抱定文言是正统语言的观点，白话文成为区分新、旧人物的社会标签。在当时，女性解放是新人物的口号之一，学习和使用白话文便成为她在女高师团体中的一种参与性行为，她要想在这个社群里明确建立自己的成员身份，就必须这样做。她一边学习语言，一边参与新文化团体的社会实践，努力为自己寻求一种适当的定位。最终，她在白话和文言之间寻找到了平衡，利用这两种语言不同的符号力量，在语言的学习与使用中建构了自己的新女性身份。

而对于黄英来说，文言能力低下使她在视文言为正统语言的社群里一直被看作是知识女性的"冒名顶替者"（an imposter）（Norton，2000：130）。在教书时，她认定自己念错字和解释不通冷字僻典是"出了丑"；初入女高师时，又称自己是个"不学无术的人"。她一直没有被自己向往的社群接纳，成为其中合法的一员，而把她与这些社群隔离开来的正是文言能力。由于当时的社会大语境，以及女高师微观语境的影响，黄英并没有积极学习文言，争取加入文言群体，成为其中的一员。相反，她按照自己的学习兴趣，发现和积极参与建设一个新的语言社群，并利用自己的白话书写能力，不仅成为这个新社群中合法的一员，而且建构起自己的认同——新文学创作名家。

说到这里，读者也许会好奇，第三章中女高师的课程设置表明，学生每周必修不低于 3 小时的英文，那么，程俊英和黄英的英语学习是怎样的呢？在当时的社会文化语境中，这两位学生是如何对待英语学习的呢？

就笔者掌握的材料来看，程俊英和黄英没有提及她们的课堂英语学习，给人的印象似乎是没有这段学习经历，换句话说，英语学习没有对她们产生什么影响。但这并不意味着她们对英语学习毫无兴趣。在回忆黄英时，程俊英记下了一段她们一起学习英语的经历：

> 1920 年暑假，我们四人（四公子）很想阅读外国文学作品，但苦英语水平还不够，看不懂原著。我们商量，决定请一位外国文学修养较高的老师教英文，每早讲授两小时，为

期两月，学费四十元，由四人分担。老师指定《莎氏乐府本
事》做教材，上午八时讲授，十时至下午六时自修及作业。
晚饭以后，是我们休息的时间。[1]

可见，她们对英语还是抱有兴趣的，在时间和资金上也愿意
投入[2]。她们想要亲自了解外面的世界和文学，也认定英语是开阔
视野的工具。估计是学校的课程无法满足需求，她们才决定利用
暑假的时间自己出钱请老师来教。这样短期的英语学习，对于提
高英语水平很难产生多少效果，程俊英对这段英语学习的回忆，
以"转眼间暑假已过，英语学习的计划已经完毕，匆匆回到学校
上课，转瞬间，一年又过去了"结尾，没有更多的评论。

据兰道尔夫和杰农的研究，在外语课堂语境下，如果课堂教
学的内容和方式不能满足学生的需求，那么，学生的学习动机和
认同就会一起萎缩，不再为自己设定学习目标，自我认同感也会
降低，以致觉得自己只不过是"一名被动的参与者"（Lantolf et
al., 2003）。在这种状况下，通过语言学习来激发学生建构新认同
的目的并不容易实现。可以说，英语学习对程俊英、黄英等就读
国立女校的女性认同发展并未直接产生积极的作用。虽然她们抱
有学习英语的兴趣，也愿意为此投入，但因为缺乏学习资源，她
们的学习愿望终究不能实现。

1　程俊英：《回忆庐隐二三事》，见朱杰人、戴从喜，《程俊英教授纪念文集》，上海：
　　华东师范大学出版社，2004：308。
2　据北师大馆藏《1924 年女高师教职员薪俸表，经费领款凭单及沪案捐款名单等材
　　料》显示，1924 年 3 月，在女高师任教的周作人和鲁迅领到的薪水分别是十三元
　　五角和二十七元。虽然 1920 年后女高师存在严重拖欠薪水的情况，但比较可知，
　　每人十元的英语学习费用还是很高的。

第五章　英语教育与新女性认同的建构

> 我们的家庭认为，英语比国语及国学要重要得多，因为（在许多机构中）讲汉语的文化人的工资总是最少的。
>
> ——徐亦蓁，1974：34[1]

第四章是关于女高师案例的分析，让我们看到两位国语学习者如何在不同权力关系的作用下，逐步调整并确立自己的语言学习规划及目标。本章将要分析的，是三位来自金女大的英语学习者。与女高师的案例相比，金女大案例的资料散落于中国大陆、中国台湾和美国的多处图书馆，不仅收集起来异常困难，且难成体系，不容易勾勒出个体完整的学习和认同建构轨迹。在早期的金女大群体中，仅徐亦蓁一人书写了回忆录。后来有 1922 级学生张肖松的自传于 2012 年在台北出版，这使得本研究有了两个语料完整的个案。另一位 1922 级学生鲁桂珍也留下了相对完整的微型自传小作文、学业文件和若干书信。在女高师学生带着巨大的热情投入国语学习时，她们为何选择进入教会学校学习英语？她们在英语学习中产生了怎样的心理变化？她们对国语持什么样的态度，又是如何学习的？在英语学习的过程中，她们建构了怎样的新女性认同？这些是本章将要探讨的话题。

作为一所教会女校，金女大的师资配备、教材选择、课程设置及授课法是全盘美式的。金女大所倡导的教育，与美国新英

---

1 New, Y. T. Zee. Typescript ms.: Biographical material. CRP-MPP Group 8, Box 145, Folders 3-4. Divinity Library Special Collections, Yale University. （原文为英文，形成于 1974 年，所引中文为笔者翻译。如不专门注明，下文所引也都出自该回忆录。）

格兰地区的女子大学所实行的博雅教育极为类似[1]。博雅教育强调文化陶冶，反对工具主义，以提高学生的文化素质为宗旨，更关注学生的个体发展。金女大教会女校的性质，决定了教师及管理层对中国社会发生的种种事件经常采取规避的态度，由此造成了相对"宁静疏离"的校园氛围。然而，金女大学生对自己的社会背景以及自己的民族认同极其敏感，对社会上关于中西权力关系、教会学校学生身份等话题也更为在意（张素玲，2007：66，97—100）。比起女高师的学生来，她们的语言学习受到了更多复杂社会因素的影响，其学习故事因此也就能以一种更加细微的方式，来展示当时的社会语境如何对个体的语言学习产生影响。

　　本章选择了三位来自金女大的学生作为个案。徐亦蓁[2]，金女大第一届毕业生，与后来的金女大校长、著名教育家吴贻芳博士为同班好友。在回忆录和私人信件中，以及在发表演讲时，她均以"牛惠生夫人"（Mrs. W. S. New）自称，本名反而不常用。在本研究的分析中，我们以本名称呼她，因为本研究要探询的，是她个人的英语学习及认同发展历程。牛惠生夫人这一称呼，她在1924年结婚后才开始使用，其实只是她多元身份中的一个，无法代表她在金女大求学时期的认同。徐亦蓁生于上海一个笃信基督教的殷实之家，自8岁起就接触英语；她的叔辈中有多人留学海外，这使她自小就开始学习并使用英语，且产生了想要留学美国的强烈愿望。然而，13岁时的一场变故把养家的重担压在了她稚嫩的肩上。几经争取，她最终得以进入金女大学习，以另一种方式完成自己锤炼英语、接受高等教育的愿望。入学时，徐亦蓁满怀疑虑与压力，因对未来的不确定，她甚至怀疑自己的选择是否值得。然而，金女大以英语为媒介、培养"妇女领袖"的教育理

1　A Message by Mrs. Way Sung New, CRP-MPP Group 8, Box 145, Folders 5. Divinity Library Special Collections, Yale University.

2　1919年以前的校方文献上，徐亦蓁姓名的拼音为 Zee Yuh-tsung，1920年后为 Tsü Ih-djen。

念逐渐对她产生了影响。在学习兴趣和女性责任感的双重作用下，她战胜了语言学习上的困难，顺利完成了学业。踏入社会后，她以自己出色的语言能力为工具，走向了国际舞台，成为中国女性的国际代表。

鲁桂珍，1926年毕业于金女大，后赴剑桥大学攻读化学博士学位。她生于南京的一个医学世家，小学阶段对英语充满敌对情绪，却最后入读以英语为媒介的金女大，并以英语为终身的工作语言。她身后没有留下自传或回忆录等资料，但笔者在耶鲁大学神学院档案馆发现了她就读金女大时的一份课程作业，这为我们了解她的学习经历提供了可能。1922年，进入金女大的鲁桂珍上了一门英语课（English I），任课教师为多萝西·林德奎斯特。关于这门课，我们在第三章梳理金女大的课程设置时已有介绍。按照老师的要求，鲁桂珍书写了一篇微型自传（My Autobiography），言及英语学习经历。这份自传再加上其他资料，如成绩单、信件等，也组成了一幅新颖的画卷，使我们能够了解她对英语转变态度的原因，以及她在英语学习过程中的认同转变。

张肖松，1922年入学金女大，1926年毕业，与鲁桂珍同时就读。张肖松生于湖北武昌一个小商人家庭，小学四年级起入读武昌圣希理达女校（St. Hilda's School for Girls），开始学习英语，尤其爱读英语故事，以全校第一名的成绩中学毕业并留校（1920年）。1922年获该校奖学金资助，赴金女大深造，主修历史，选修心理学和教育学。入学之初，张肖松由于英语发音与来自上海、南京的同学不同而缺乏自信，后经英文教师斯滕德尔女士（Miss Stendel）提醒，才意识到自己的发音乃是美国新英格兰地区的标准音，因而自信大增。她的英语和国文俱佳，一年级结束时已是级部第一名。在金女大顺利完成学业后，张肖松回圣希理达母校任教，后赴密歇根大学攻读心理学博士学位。

5.1   个案一：徐亦蓁

5.1.1   英语学习经历与认同建构轨迹

在对徐亦蓁的英语学习和认同建构展开分析之前，首先需要说明所用的材料。《先锋》（*The Pioneer*），1919 年由上海美华书馆（Presbyterian Mission Press）出版，收录的是金女大第一届五位学生毕业前对自己校园学习经历的回忆，构成本书宝贵的资料来源之一。然而，它是集体署名，各篇文章分别出自谁人之手，并未明确标注，这给后人利用文献造成了困难。但结合徐亦蓁的自传及信件，笔者认为书中第一篇与书名同名的文章《先锋》(The Pioneer) 为徐亦蓁所作可能性较大。原因如下：

第一，文中对开学典礼的描写显示出作者是一位非常虔诚的基督徒。根据校长德本康夫人的回忆，第一届学生中，有人是不信教的（Mrs. Thurston et al., 1955：12）。而徐亦蓁受家庭影响，入学前就已是虔诚的基督徒。而且，这篇文章中所引用的《圣经·以斯帖记》第四章中的一句话——Who knoweth whether thou art come to the kingdom for such time as this（Esther, IV：14），在徐亦蓁日后的信件和演讲中多次出现，且笔调一致[1]。

第二，作者提及自己离开家庭，在家人的反对声中前来金女大读书，这与徐亦蓁的经历相符。

第三，作者在文中表达了她对中西关系以及中国女性问题的关注，体现出强烈的责任感。从徐亦蓁的回忆录及信件中我们发现，她对中西关系抱有强烈的兴趣，而中国女性生存状况的调查与改善，也是她一直关心的话题，是她毕生从事的事业。

1　如 1942 年 3 月 19 日，在写给奥利芙·I. 齐格勒小姐（Miss Olive I. Ziegler）的信中，她使用这句话来结尾；1942 年 5 月的一次演讲中，她也引用这句话来表达自己对当时形势的看法。见 Correspondences, Mrs. New, 1942. UB-CHEA, RG 11, Box 139, Folder 2790. Divinity Library Special Collections, Yale University.

金女大的第一届五名毕业生中，吴贻芳是插班生，不可能参加开学典礼，因此排除在外；另外三人中，刘剑秋、汤蕙青对理科感兴趣，毕业后赴美学医；剩下的一位是任倬，她已结婚，并未参加工作[1]。由此大抵可以断定，第一篇的《先锋》是出自徐亦蓁之手[2]。

在回忆录中，徐亦蓁对自己童年和少年生活的描述是同语言学习，特别是同英语学习结合在一起的。徐母读过三年半私塾，识得一些字，读得懂《孟子》。6岁上，徐亦蓁开始随母学习文言。然而，文言的学习很快就让位于英语了。先是母亲的一位教友提出，徐亦蓁应该学习一些英文，后来父亲（Zee Wai-Zung）又亲自向她灌输英语学习的重要性。徐父文笔极佳，11岁就通过乡试，尤喜宋明理学，擅写官样文章，并因此为上海圣约翰大学所聘。徐亦蓁8岁时，父亲指着地图，告诉他们兄妹说，西方国家觊觎中国丰富的资源，想要侵略中国，嘱咐他们记住："要学习英语以及这些国家的历史，了解它们的用心。它们没有善意，不会让我们受惠的，它们的目的就是填饱自己。"徐父的这种语言学习观，体现了当时知识分子中流行的"中学为体，西学为用"思想。这一语叮嘱，被小小的徐亦蓁记在心上，使她暗暗萌生了学习英语、探究中西关系的念头。而直接引发她英语学习热情的，则是她的叔叔和姑父[3]。

徐亦蓁的叔叔是较早入耶鲁学习的清末学子之一。赴美前，母亲为叔叔剪掉发辫，这是徐亦蓁经历的第一桩中西文化冲突的

---

1 根据"News from Alumnae"，*Ginling College Magazine, The Tenth Birthday Issue*，1925, 2(1) 中刊登的校友情况整理。Smith College Archives.

2 对于这一考证，笔者在研究日志中写道："这一考证让我非常纠结。说实话，我实在找不出本证。看遍目前的研究，也未见有人给出过这样的结论。中外学者有不少人利用《先锋》来研究金女大，但是，因为他们都是从机构的层面进行分析，所以也就不会去考证各篇文章到底出自哪位女生之手。"

3 由于英语称呼语不对父系和母系亲戚做出区分，笔者在确定对徐亦蓁英语学习产生影响的两位长辈的身份上遇到了困难。经过仔细比对，认为她提及的 uncle 分别指叔叔 Joshua Zee 和姑父 N. Abel Tang。然而由于徐亦蓁对姑父的身份没有加以非常详细的说明，因此，笔者的翻译仍有出错的可能。

具体事例。她这样描述自己受到的冲击：

> 当我看到帅气的叔叔没了乌黑发亮的发辫，变得那么丑陋，剩下的头发看起来像个鸡尾巴一样，便蒙上眼睛哭喊起来。母亲斥责我，说"再不许有这么愚蠢的想法了，你要高兴才对，叔叔是要去最好的学校念书，他回来的时候，就会讲他们（西方国家）的语言了，就是个有知识的人了"。

这样的话语，反映了清末民初上海地区民众朴素的语言意识形态：英语代表着西方的文明和先进的知识，是"有知识的人"的直接标志。这一事件促使徐亦蓁决定学习英语，以便给叔叔写信。8 岁那年，母亲送她到晏摩氏女学（Elizabeth Yates Memorial All Girl School）念书。在这所教会女校里，她开始跟随美国女传教士学习英语，从音标开始，再学《纳式文法》（*Nesfield's English Grammar*），每天一个半小时，一连学了 8 年。她坦承，8 年学习期间，虽然能够通过所有的语法考试，也能够做句子解析、看图说话之类的题目，但口语很差，除了会说早上好、下午好、晚上好，完全没办法用英语对话。就读教会小学期间给徐亦蓁印象最深的，是受到了西式文化的大量熏陶。她回忆道，10 岁左右她开始住在姑妈家，姑父经常往返英国做生意，他会给徐亦蓁做西餐，还给她读英语故事。这种来自叔叔和姑父的双重影响，使她有了留学美国的愿望，并为这个念头"着迷"。从她的叙述中我们可以看到，家人以及生活环境的影响促使她强烈地向往英语和西方文化。但小学阶段的学习只能使她获得最基本的语法知识，在说、读、写等方面并未取得多大进步。不管怎样，这一阶段的她终于有了自己的第一个理想认同，那就是"留美学生"。然而，在她 14 岁时，父亲不幸中风瘫痪，这使她不得不扮演起一个超出自己年龄和能力的角色。

由于父亲丧失了工作能力，母亲一人无法支撑一应用项，便要求徐亦蓁担当起"长子"的责任，放弃学业，赚钱养家。在讲到母亲的这一安排时，徐亦蓁用了"挑战"（challenge）一词。她觉得自己只是一个女孩子，承担"长子"的责任对她来说实在是太突兀、太困难了："我当然很难过。我是一个敏感的女孩子，于是哭了起来，因为我想读到毕业。"然而，母亲没有给她选择的权利，她先是半天教书，半天上学：上午梳起发髻，到另一所教会小学教书；下午解开发髻，返回自己的学校学习。一个学期后，这样半天的学习机会也不复存在，她不得不辍学而全天工作，以赚取足够的钱来帮助母亲支撑家里的花销。好在姑母接纳了她们一家，并为徐亦蓁做出了这样的安排：她一面教自己的弟妹和姑父家的小孩子，一面跟从姑父请来的家庭教师继续学习。这期间，徐亦蓁觉得自己的生活出现了转机，她的内心充满了感激。

在她和家人寄居在姑父家期间，姑父送他的儿子去了哈佛读书。然而，儿子没有按照父亲的期望学习医学，而是选择了文学专业，且过着花花公子一般的生活。极度失望之余，姑父把希望寄托在徐亦蓁身上，说愿意资助她去英国学医，并允诺，等她学成回国，将资助她开办一家医院。这样的安排遭到了徐亦蓁母亲的坚决反对，她要求徐亦蓁留在国内，教书赚钱，帮助抚养弟妹，直到他们都读上书，接受良好的教育。母亲的反对让姑父恼怒了，他让徐亦蓁做出选择，如果她遵从母亲的意愿，那么她就将失去赴英学习的机会。正是由于这件事，徐亦蓁将寄居姑妈家的那段日子称为"伪装的福音"。她这样描述自己纠结的心情："（选择）自我还是他人！英国还是家！母亲的意愿还是姑父的意愿！我跪了下来，抽泣不止，直到上帝为我打开了另一扇门。"这另一扇门，就是金陵女子大学的宣告成立，并于1915年开始招生。在回忆录中，她这样记述自己当时的心情：

> 这（金女大）就是我的答案，……我必须离开家……在我那个时候，即1915年，不管是男孩还是女孩，只要有些抱负的，都希望首先进教会学校，然后再赴美深造，……回国重建我们的社会。

对当时的徐亦蓁来讲，追求自我并不容易，她问自己："钱从哪里来？如果我去念书，谁来支撑这个家？"最后，她的姑妈答应资助她四年大学的费用，但不能让姑父知道。母亲也安排妹妹接替她，去学校教书以补贴家用。就这样，1915 年 9 月，徐亦蓁在上海与来自金女大的教师弗雷德丽卡·米德（Frederica Mead）相会，踏上了去往南京金女大的路。此时她已满 21 岁。

刚入学时徐亦蓁沉浸在失望与痛苦中。开学典礼在一个有200 个座位的礼堂里举行，却只有 8 名学生和 6 名教员出席。青灰色砖瓦的大厅，顶棚高高在上；青灰砖瓦铺设的地面，有些地方被青苔覆盖。她写道："这样的氛围怎能不让人感到灰暗和孤寂？"她引用校长的话来表达自己的心情："除非一个人带有信念和开拓精神，不然，她会期望自己在另外的地方。"随后，李玛利——金女大的 6 名教员之一，代表留美学生向她们表示祝贺。"这完全没有在我们中间引起一分热情。金女大对我们来说，仅是几个庭院和几间屋子而已；那些留美学生对我们而言，又是那样不可触及的遥远。我们怎么可能热情地回应呢？那些对金女大的祝福，和我们完全没有关系。"就是在这样的失落中，徐亦蓁问了自己一个痛苦的问题："谁知道我会在这样的时刻来到金女大？为了学习一些知识，我难道要付出离开家庭的代价？我难道可以不管不顾家人的反对？知识本身值得我这样付出吗？更何况，金女大现在的状况并不能给予很多。"

可以发现，她"留美学生"的理想认同在金女大并未顺利地转变为现实认同，她需要重新建构自我。在英语学习中建构自我认同的过程中，金女大的教育理念对她产生了深刻的影响。徐亦蓁在自己的文章《先锋》中写道，开学典礼上，校长德本康夫人发表演说，指出中国接受高等教育的女生肩负着丰富中国女性生活的责任，她们需要做好准备，以便履行这一责任。在四年的大学生活中，校长的话一直激励着她，时时提醒她将来的责任重大。无论如何，徐亦蓁和她的 4 名同学不仅坚持了下来，而且非常积极、努力地去攻克语言关。她们会在凌晨 3 点起床，准备英美文学课；会用心地记住有用的生词[1]；每晚 7 点到 10 点坚持自习；"埋首书本"是她对大学一年级生活的总结[2]。这样的努力，加上每日的英语熏陶，到大一结束时，徐亦蓁和同学们第一次主动筹备了一个晚会，为将要回美国休假的米德女士送行。学生与老师们一起坐在暮色中畅谈未来，这时学生们的英语表达已经是比较顺畅了。"我们有那么多的话题，一直谈到月上中天还未尽兴。"[3]可以看出，刚入学时的语言困难已经有了明显的缓解。徐亦蓁还在回忆录中记述了这么一件事，让我们看到她在学习中逐渐建构了自我认同，不再怀疑自己当初的选择："后来，姑父来到金女大，看到我学习和教书的情景，他与我和解了。当看到我在教一个有 42 个男孩子的班级时，他惊呆了。"这一来自家人的认可，对徐亦蓁来说就是最好的自我实现。

1919 年，仅用了三年半时间，徐亦蓁就以 89 分的平均成绩完成了金女大的学业[4]。其时正值五四运动时期，这一时期的金女大学生，由于就读教会学校，被批评为"洋奴""不爱国"。为了证明自己"共和国国民"的身份，徐亦蓁和同学们也加入了罢课游行的行列，并因此推迟了毕业考试[5]。根据徐亦蓁对这一时期的回忆，五四运动对她的语言观似乎并未产生多少影响。她没有表

1 金女大初期的语言不统一虽然为学生练习英语提供了机会，却也引发了不少误解。如在宗教课上，老师使用官话发音说"Kwoh Ming Tan"（国民党）时，一个上海女孩（徐亦蓁和刘剑秋都是上海人）以为这是个新的英语单词，于是不停练习它的发音。而且，由于方言不通，大家在日常交流中多使用英语。见 *The Pioneer*, 1919: 6. UB-CHEA, RG 11, Box 151, Folder 2946. Divinity Library Special Collections, Yale University.

2 *The Pioneer*, 1919: 6-7, 21. UB-CHEA, RG 11, Box 151, Folder 2946. Divinity Library Special Collections, Yale University.

3 同上书：23。

4 Student transcripts L-Y (1918-1931). UB-CHEA, RG 11, Box 130, Folder 2654. Divinity Library Special Collections, Yale University; Questions for Mrs. New about the early Ginling years, CRP-MPP RG 8, Box 147, Folder 7. Divinity Library Special Collections, Yale University.

5 *The Pioneer*, 1919: 34-35. UB-CHEA, RG 11, Box 151, Folder 2946. Divinity Library Special Collections, Yale University.

现出想要学习、提高国语的愿望，倒是提到 1919 年夏天，杜威来到南京时她担任翻译一事。她称自己的翻译是"优雅"的。可见，毕业之际的她，对自己的语言能力已经有了几分肯定。在择业上，老师们对她抱有不同的期望，但都希望她能以服务于社会的一颗心投身于工作，而不要追求高工资。然而，徐亦蓁认为："在服务的层次上工作对我们来说是不公平的，我们都有经济上的负担。"[1] 她和吴贻芳都有继续求学的愿望，吴贻芳因为家庭的原因，选择了去北京女子师范学校（即后来的女高师）担任英语系主任，徐亦蓁则最终选择到新成立的国立东南大学任女生训导长一职。

图 5.1   徐亦蓁成绩单

1920 年，徐亦蓁同吴贻芳一起为前来中国视察传教工作的玛丽·E. 沃利（Mary E. Wolley）博士担任翻译。沃利博士回国前表示愿意为她们求学美国提供帮助。1921 年，她和吴贻芳同时获得赴美留学奖学金。吴贻芳因此辞去了在女高师的教职，赴密歇根大学攻读博士。而此时的徐亦蓁，在母亲的敦促下已经订了婚。她回忆说，自己的未婚夫不希望她接受任何奖学金，觉得她所有的花费都应该由他负责。1923 年，徐亦蓁完成在哥伦比亚大

---

1   这里的"我们"指徐亦蓁和吴贻芳，她们二人是同学中最早受聘于国立大学的。Questions for Mrs. New about the early Ginling years, CRP-MPP RG 8, Box 147, Folder 7. Divinity Library Special Collections, Yale University.

学的学习，获得教育学硕士学位后，就回到上海成婚，协助丈夫牛惠生先生管理医院。1926 年到 1927 年，她被推举为金女大校友会主席。随着民族主义运动席卷全国，民国政府逐步收回教育权。1928 年，吴贻芳被选为金女大第二任校长，徐亦蓁任改组后的董事会主席。在新校长的就职典礼上，徐亦蓁作为校董，分别用英语和国语发表了演讲。就职典礼是个盛大的场面，几乎所有的校友，以及其他 13 所教会大学的校长都出席了活动。徐亦蓁的丈夫作为一名出色的医学界人士也受邀出席，甚至蒋介石和宋美龄也到场祝贺。她在演讲中表现出的出色语言能力不仅让丈夫大吃一惊，也给蒋介石和宋美龄留下了深刻的印象，她成了金女大学生心目中理想女性的典范。对于当时的情景，徐亦蓁是这样描述的：

> 他（丈夫）听了我的中英文演讲。我用英语向离职校长道别，她把托事部（trustee）的钥匙交给我，然后，我转向新任校长吴贻芳博士，把钥匙转交给她，并用国语发表演讲，阐述了托事部对她治下的金陵的希望。我的丈夫因此送给我一辆别克车配一个私人司机，供我从事公共事业之用。这是他给我的奖励，他非常惊奇于我能讲标准的国语。而他并不知道，我请了一位私人教师，每天两小时，用了一个月的时间来训练我的这次（国语）演讲。这确实造成了轰动！在那个时候，连宋美龄也苦恼于自己带有浓重上海腔的国语。蒋介石说："我的太太比任何人都希望能与你交换角色。"直至今天，1928 届的全体金女大学生还记得当天的盛况以及我的形象，她们说："我们什么时候才能和她一样啊。"

徐亦蓁的成功在于她准确地把握住了当时中国社会语言生活的脉搏。1920 年，国语开始正式进入中小学课堂；约两年后，国语读音词典、语法研究等专著开始发行 [1]。到了民族主义运动兴起的 1927 年，国语的官方语言地位已然确立，而且成为国家统一、

1　据北京图书馆：《民国时期总书目（1911—1949）：语言文字分册》，北京：书目文献出版社，1986。

民族自强的象征。在教会学校，英语仍是管理和授课的权威语言。于是，中西方之间的权力之争，首先表现在教育机构选择使用的语言上。自 1925 年起，金女大学生就开始特别关注民族认同和国语问题。要知道，她们一度因为就读教会女校而被称为"西人文化侵略的帮手"，因为英语熟练、国语生疏而被指斥"无用"，是缺乏根基的"舶来品"；甚至有人认为，十几年后，她们一旦成为母亲和教师，中国的未来便无可挽救。学生们觉得，是国语水平的不足造成了金陵毕业生在社会上的失败，使她们受到了非难和窃笑，因而对金女大的语言教育多有微词[1]。作为教会女校一员的徐亦蓁，巧妙地破解了语言这一"权力密码"（codes of power）（Delpit，1995），平衡了不同语言之间的权力关系，迈出了自己被男性主导的主流社会所接受的第一步。从此以后，她的活动范围开始扩大，由家庭事务转向公共事业，而语言，主要是英语，则成为她开拓新事业的工具。

徐亦蓁担任金女大董事会主席直至 1938 年。1937 年抗日战争全面爆发后，她又担任国际红十字会上海分会执行委员、难民营衣物工作组负责人。她所留下的私人文件，有不少出自这一时期，如她在美国以英语发表的演讲，或与相关人士的通信，记下了她怎样为战争难民筹集钱物。1942 年到 1943 年，她在美国 36 所高校巡回演讲，题目为"抵抗与重建"（Resistance and Reconstruction），向美国公众介绍中国人民如何抵抗日本的侵略，以及中国女性在战争中所扮演的角色。这个时候的她，虽然已成为中国女性的国际代表，却依旧感到自己的英语能力不足，担心自己的身份会因此受到挑战。她说，自己的第一次演讲很失败："我的英语充满学究气，而且不够纯熟，于是只能照本宣读

---

1 见朱仲止：《我和金陵》，载《金陵女子大学校刊》，1925，1（4）：12—14；幽清：《对于金陵之希望》，载《金陵女子大学校刊》，1925，2（1）：4—5；施云英：《本校十周年与我的感想》，载《金陵女子大学校刊》，1925，2（1）：8—13；曾潇：《记友人言》，载《金陵女子大学校刊》，1925，2（1）：20—22 等。Smith College Archives.

演讲词。我的声音非常单调，结果让演讲变得又无聊又空洞。"散会后，一位安排演讲事宜的人士追上她，很直率地讲了这样一番话：

> 非常遗憾！中国是一个多么勇敢的国家，有那么多英勇抗争的事迹，却让一个不敢抬头看一眼听众的女人表现得如此弱小。你不应该照本宣读，你必须同听众直接交流。

这样的批评当然让徐亦蓁非常懊恼，想到处于苦难中的金女大群体，她的内心激荡起来。她告诉那位批评者："谢谢您先生，我一定尽力改正！"从那一刻起，她便时时告诉自己要勇敢，要直面听众，要面带微笑同台下的听众交流。而这样的努力也赢得了肯定，逐渐有人起立为她的表现鼓掌欢呼，大声称赞她"好样的！"通过这样的语言活动，徐亦蓁作为中国女性代表的身份正式获得国际社会的认可。1945 年，她协助吴贻芳出席联合国制宪会议；1946 年，她成为联合国妇女地位委员会的中国代表。根据她的记述，在参加联合国妇女地位委员会工作期间，她的口头和书面语言表现，以及她待人接物时优雅得体的举止，令出席会议的各国代表感到惊奇。美国代表直接以"中国"称呼她，认为中国虽然政治力量弱小，但中国女性却极有修养。而徐亦蓁则希望通过自己的努力，让中国女性从男人身后走出来，以一名中国国民的身份为本民族做出贡献，争得荣耀。

可以发现，徐亦蓁的女性认同具有后现代主义认同观所强调的"多元""破碎"与"冲突"的特点。冲突的语言意识形态、变化中的语言资本以及中西权力关系的斗争，导致"冲突"与"破碎"成为她女性认同的显著特点。她在语言的使用和学习中平衡不同权力关系的过程，也是她建构"和谐认同"的过程。

5.1.2　影响因素分析

按照第二章所梳理的理论框架，我们依旧围绕（1）语言意识形态的形成；（2）语言资本的影响；（3）权力体系的控制性力量三个方面来总结徐亦蓁的语言学习和认同转变。

（1）语言意识形态的形成

在从社会的角度分析双语现象时，赫勒（M. Heller）指出，语言是"由意识形态定义的一套资源和社会实践"（Heller，2007：2）。语言意识形态分国家和个体两个层面，国家层面的语言意识形态无疑会对个体的语言意识形态产生影响。清末民初的中国社会，英语被视为高级知识、文明、财富甚至是权力的象征，这种情形在上海尤甚。上海位于南京官话区，清末开始的国语运动对它虽有所波及，但影响程度远不如北京，国文在上海的使用范围仅限于官方文件。而由于码头、铁路、邮局、医院等关系经济命脉的行业多为英美资本控制，英语便成为一种经济上的权威语言，成为权力和财富的象征，自然也成为当权阶层的语言，带有了丰富的阶层象征意义。此外，当时的很多科学类课程根本不存在中文的教科书及参考资料，即使能找到教科书的译本，书中的观点也至少落后于时代十年，而且，这些书中的术语往往翻译得让人摸不着头脑，于是，英语也成为研习西学的必需。如此，在当时的上海，讲一口流利的英语不但是寻找一份体面工作的基本条件，更成为身份地位的标签。各种英语培训机构，如专门培训店铺雇员基础英语的夜校，培训会计英语的速成班，以及培训货运人员专用英语的短期班等纷纷出现。英语还成为中小学的一门重要课程，融入了人们的日常生活，甚至与上海话杂糅在一起，形成了一种洋泾浜语言（Si, 2006）。这样的社会语境深刻影响了徐亦蓁家庭的语言意识形态，她在回忆录中写道：

我们的家庭，特别是我的丈夫家，几乎是全盘西化的，……

我们的家庭认为，英语比国语及国学要重要得多，因为（在许多机构中）讲汉语的文化人的工资总是最少的。

可见，其家庭明显地重英语、轻汉语，将英语知识置于国语国学之上，且视英语为获取经济利益、维持自身新知识分子阶层地位的有效手段。在这样的家庭氛围中，徐亦蓁早早萌发了学习英语的意识，并拥有学习英语的便利条件。谢克特和贝利考察了多元语言文化环境中的家庭语言行为，指出语言体现于个体的认同行为中，而语言的使用本身就是一种认同行为（Schecter et al., 1997）。对徐亦蓁来说，家人送她进教会学校学习英语，是他们在语言意识形态的引导下，为她做出的一种人生规划，是对她未来认同建构的一种期待。此外，她的"留美学生"的想象认同也是在这种语言意识形态的引导下，经由家庭成员的影响逐步建构起来的。在家庭语言教育的熏陶中，徐亦蓁偏向英语的语言意识形态逐渐养成，并慢慢成为一种惯习，对她大学甚至一生的语言投资行为都产生了深刻影响。

在金女大学习期间，她的语言意识形态再次得到强化。在金女大，良好的英语水平是成为金女大社群"合法的发言者"（Bourdieu，1977c：650）的第一步。《先锋》和《金陵女子大学》这两部由金女大自己人员书写的关于金女大的资料，都谈到了第一届学生遇到的语言问题：在国语尚未统一发音之时，学生们各持乡音，完全无法交流，于是，英语就承担起日常共通语的功能（Mrs. Thurston et al., 1955）。然而，学生们的英语水平非常有限，用于日常交流尚显不足，更何谈用于课程学习。除了校舍简、规模小之外，语言上的障碍是导致学生情绪低落的另一个主要原因。在第一堂英国文学课上，徐亦蓁和同学甚至连一个完整的句子都听不懂。她后来回忆说，在金女大，教师的中文都达不到与学生沟通的水平（除了后来的华群女士），而金女大的教师群体，又非常在意英语作为交流媒介的作用，教师与学生的日常和课堂交流，全都是用英语进行的。此外，金女大校长德本康夫人还将英语与"受教育的女性"认同联系在了一起："英语是通向外部世界，让中国人接触其他理念的唯一的通道。……要同世界保持联系，她们（受教育的中国女性）需要英语。"[1] 在论及金女大培养"妇女领袖"的教育目标时，德本康夫人再次申明，一位"妇女领袖"必须具备良好的英语水平。这样的语言意识形态对徐亦蓁的语言学习产生了深刻的影响，她并未将英语作为一门科目来学习，而是将英语视为生活和工作中不可或缺的工具。因此，就读金女大期间，即使因国文水平不足导致其民族认同遭受质疑，徐亦蓁也并未主动投资于国语学习。她对英语的价值有着非常清醒的认识，在中年时期写给米勒女士（Mrs. Miller）的一封信中，她谈到一位金女大毕业生在工作中遇到语言问题时说：

> 要想走得更远，她（那位金女大毕业生）就得抛开情绪，学着提升自己。我希望她能得到一些（英语上的）辅导，那将对她很有帮助。……英语水平不足也是我的问题，我也希望能够得到帮助。[2]

如此可见，徐亦蓁重视英语、轻视国语的语言意识形态的形成，是在其生活的社会语境、家庭教育和学校教育三种力量的作用下形成并逐步强化的，这样的语言意识形态对她一生的语言学习和认同建构都产生了深刻影响。她将学习英语视为建构独立的自我认同和受教育的新女性认同的必要手段，在这样的语言学习中，她先是建构了"留美学生"的理想认同，后求学于金女大，建构了"少数接受英语高等教育的中国女性"的认同。进入社会后，她借助英语能力，先进入男权主导的中国主流社会，再踏出国门，迈向国际舞台，成长为第一代中国女性英语学习者的代表。

---

1 Matilda Thurston. "Personal Report of Mrs. Lawrence Thurston", August 1915. MCT, Box 10, 10.5. Burke Library Union Theological Seminary.

2 Correspondences, Mrs. New, 1942. UB-CHEA, RG 11, Box 139, Folder 2790. Divinity Library Special Collections, Yale University.

（2）语言资本的影响

语言资本对徐亦蓁语言学习和认同的影响，主要表现在她对英语学习的投资上。从徐亦蓁的叙述中我们发现，在她早期的语言学习中，中文让位于英语，这主要是由于英语在当时的中国社会，特别是上海，具有较高的资本价值，包括经济、社会和文化三方面。在经济方面，讲一口流利的英语是寻找一份体面工作的必需。只要稍通英语，就有到英美人控制的码头、铁路、邮局、医院等机构工作的机会，也就拥有了更多的职业发展选择。

作为新兴知识分子家庭，徐亦蓁的家庭对英语的资本价值有着深刻的了解，也做了大量的投资，其叔叔、姑父都通过掌握英语、留学西方而获得了较好回报：他们都从事报酬较高的工作，是上流社会阶层的成员。这种对英语资本的理解也影响到了徐亦蓁的语言学习，她也尊崇英语的资本价值，一心投资于英语学习。

然而，到了 20 世纪 20 年代民族主义运动时期，上海的语言资本体系开始有所改变。由于民族主义的提倡和国语统一运动的积极推行，国语逐渐被视为民族认同的标志，用标准的国语发言，成为一种民族认同行为。安泽尔杜阿认为，在一个存在语言文化冲突的社会中，民族认同和语言认同是一对孪生子，语言使用者的认同就是他的语言所传达的认同信息（Anzaldúa，1987：59），如此，由于与国家民族认同直接相联，国语作为群体标志的文化资本价值迅速上升，在中国主流社会的某些特定场合开始超越英语，动摇了英语主导的语言资本价值体系，这对徐亦蓁的语言学习，特别是国语学习产生了影响。

上文的分析指出，在金女大学习期间，即使因国文水平不足导致其民族认同遭受质疑，徐亦蓁也并未主动投资于国语学习。这主要是因为，金女大的语言意识形态与其家庭一致，徐亦蓁仍旧被"重英语"的话语所包围，并不能感受到国语资本价值的变化。然而，一旦走出校门，进入中国主流社会，徐亦蓁不得不调整自己的语言学习策略，以适应主流话语的要求。就是在这一时期，发生了她在自传中唯一提及的对国语学习的主动投资，体现了她对国语文化资本的重视和策略性应用。

1928 年，在民族主义运动和收回教育权运动的促动下，金女大重组，吴贻芳博士任校长，徐亦蓁当选为校董。作为校董，徐亦蓁需要在各界名流，包括蒋介石、宋美龄、作为医界名人的丈夫等人面前主持就职典礼，发表演讲。这无疑是一场具有浓厚民族主义气息的活动。为了准备这场演讲，徐亦蓁提前一个月，聘请教习教她用标准的国语发言。在演讲中她首先使用了英语，以表明自己在金女大的地位；然后，她使用标准的国语表明自己的民族认同。此举获得了主流社会，特别是男性精英的认可与接受，因为在那个时候，标准国语刚开始推行，"连宋美龄也苦恼于自己带有浓重上海腔的国语"。这是语言资本，特别是起到"群体标志"作用的文化资本作用于徐亦蓁国语学习的一个例子。然而，徐亦蓁的国语学习带有非常明显的"策略性"特征，她在公开场合利用国语演讲，似乎仅仅是为了在这一场合表明自己的民族认同。回到日常的工作中，在她担任国际红十字会上海分会执行委员、难民营衣物工作组负责人期间，她依旧使用英语；后来到美国和联合国工作，英语更是她的工作语言，可见，语言资本对徐亦蓁语言学习和认同建构的影响，依旧主要发生在她的英语学习行为中。

（3）权力体系的控制性力量

通读徐亦蓁的回忆录我们发现，除了语言意识形态和语言资本，不平衡的中西权力关系和两性权力关系也左右了她的语言学习和认同建构。中西权力关系的不平衡主要映射在了英语和国语的资本价值上；而男女权力关系的不平衡，则主要体现在女性认同的社会定位上。在阐述金女大的教育理念时，德本康夫人明确表示，金女大不是在教育普通民众，而是要培养"妇女领袖"。必须指出的是，这样的认同定位与当时中国主流社会对女性的定位是有冲突的。传统上，女性被定义为男性的附属和帮手，而那些接受英语教育的女性则被认为"无用"，是"洋奴"。如此，主流社会的话语将金女大英语学习者异化了。由于过度专注于英语学习，金女大女性的民族认同受到了质疑，而这种质疑进而影响到她们的女性认同建构。对于徐亦蓁而言亦是如此。由于专注于英语学习，她虽然在金女大共同体被接受，成为其中合法的一员，但在中国主流社会的权力体系中，她依旧被边缘化。只有使用被主流社会认可的语言——国语，她才能够发出自己的声音。因此，徐亦蓁学习和使用语言的过程也正是她理顺各种权力关系、协商女性认同的过程。

在回忆录的后半部分，徐亦蓁越来越明确地阐明，她进入教会学校学习英语的初衷，是受了父亲的启蒙，有了想要"重建中国社会"的愿望。

> 我想要学习历史，我想要自己去探究西方历史以及 19 世纪时中西世界的相遇与冲突。后来在大学一年级，我毫不犹豫地选择了历史作为我的专业[1]，先是英国史，然后是欧洲史，接着是一战、二战史。……我非常感激我的父亲，是他引发了我的兴趣。

这样的话语表明，虽然一直投资于英语学习，徐亦蓁也非常在意自己的民族认同。她期望在中西权力关系中取得平衡，建构起一种和谐的女性认同：既是尊崇英语的金女大的一员，又能为中国主流社会所接受，成为对国家和民族有贡献的一员。金女大时期的英语学习使她成功融入金女大社群，成为少数"接受西方教育"的女性。然而，一旦毕业后踏入中国主流社会，她就成了"丈夫身后的影子"（Zurndorfer，2005：474），并没有被男权主导的知识分子阶层接纳。她在回忆录中写道，自己大部分时间都是

1　金女大的规定是大二才选定专业。

作为丈夫的助手，帮他管理医院的事务，几乎丧失了自我。与此同时，她在金女大担任校董职务，享有较高的社会地位。为了打破在以男性为主导的主流社会中被压抑的女性认同，徐亦蓁利用金女大改换中国人为校长的机会，通过使用英语和国语两种语言，理顺中西权力关系，建构起既通晓西方语言，又具有强烈爱国心的理想女性认同：她用英语向德本康校长演讲，表明了自己金女大成员的身份，再用国语演讲来表明自己的民族认同，表明她不仅热衷于学习国语，更是少数能使用标准国语的爱国团体中的一员。如此，她成功地将"金女大毕业生"和"爱国人士"的身份统一于自我认同之下，提升了自己在家庭和社会中的地位，把自己从"丈夫身后的影子"转变为一名具有较高社会地位的职业女性。她更是代表金女大在社会上发出了女性的声音：虽然就读金女大，她们依然是中华民族的一员。徐亦蓁在回忆录中描述自己后来所从事的社会活动时一再表明，无论是在美国进行巡回演讲，为战争中的金女大募集教育资金，还是在联合国作为中国女性的代表，自己所做的所有工作都出于对"国家有贡献的公民"身份，目的是为自己的同胞和国家带来荣誉。

可见，在中西、男女复杂的权力体系之下，徐亦蓁的女性认同建构所经历的冲突和突破，都是在语言学习的过程中发生的。语言的学习和使用，是她理顺权力关系，建构和谐认同的主要手段。

5.2　个案二：鲁桂珍

与徐亦蓁相比，鲁桂珍的资料非常少。然而，她对英语学习的态度从厌恶、抵制到积极、主动，在当时的女性学习者中具有一定的代表性。此外，她和张肖松是同级同学，将她们的资料相互补充，能够更详细、全面地反映20世纪20年代中国女性的英语学习和认同建构状态。

5.2.1 英语学习经历与认同建构轨迹

鲁桂珍，1904 年出生于南京的一个基督徒家庭，是家中的长女。因为生于 7 月底，桂花已经飘香，祖母就给她起名为"桂珍"。她在自传中说，童年的事情已遗忘得差不多，只能记住几件最有趣、最重要的事，而英语学习就是其中的一件。1913 年，鲁桂珍入学念书，先是在一所国立小学度过了两年快乐的时光，后因搬家而离开那所学校，跟随父亲的朋友王先生学习。鲁桂珍说，如果没有王先生的开导，她是不可能就读金女大的。

1917 年夏，教鲁桂珍读写 18 个月之后，王先生去了北京，于是父亲送鲁桂珍到耶稣会办的益智小学就读。经过考试后，鲁桂珍被安排到高小二年级。按照益智的规定，所有高小二年级的学生都必须学英语，但她却不肯学，愤愤地说："我讨厌外语，为什么我一个中国的女孩子要学英语？"[1] 鲁桂珍就读益智小学，应该是 1917 年秋或 1918 年的事，这时的中国，反列强的情绪弥漫在各个校园，人们的民族自觉心在逐渐增强。在鲁桂珍幼小的心灵中，英语就这样成了列强的代名词。可以认为，此时的鲁桂珍把英语学习与民族认同对立了起来。然而，父母和老师一致认为，她应该接受正规的英语训练，而她的回答是：除非他们能给出让她满意的答案，否则，她是不会去学英语的。老师和父母无论如何都说服不了她，最后还是王先生从北京写来的一封信起了作用。在信中，王先生为她分析了国人学习英语的道理。在微型自传中她回忆道："我受那封信的影响，第二天早晨就去上英语课了。班上每个人都非常惊讶，因为我以前管那些学英语的女孩子叫卖国贼、大傻瓜。"自此，鲁桂珍开始了她的英语学习

---

[1] "My Autobiography"，出自 Record Groups 11, 11A, 11B: Ginling College Records, Divinity Library Special Collections, Yale University。（若无特殊说明，下文所引都出自该微型回忆录。）

历程。

1918 年 6 月，鲁桂珍以第一名的成绩从益智小学毕业。在当时，教会学校是自成体系的，从小学到大学，都有生源上的承接。如在南京地区，明德中学从益智小学选拔学生，又每年选送学生到金女大。作为益智最优秀的毕业生，鲁桂珍获得了明德中学颁发的一年全额奖学金，继而开始了在明德四年的学习。在她短短的自传中，鲁桂珍回忆起读到二年级（1919 年）时发生的一件事，令她很受伤："因为我是明德的学生代表，所以，我在学生运动中受到了最大的伤害。"这里所说的学生运动，指的就是五四运动时期在全国掀起的学生罢课风潮。下面一则文字描述了南京为五四运动席卷的情景：

> 南京各校学生因全城罢市，为维持秩序计，分队立街；乃至暨南与农业两校，在下关被巡士用枪锋刺伤者 28 人。金陵大学学生在大行宫被巡士横遭驱逐，有被击仆地，受人践踏者；有被刺伤，血流如注者；有被捕而拘禁者；其被殴受伤者尤多。而最可痛心者，基督及益智两校学生，亦被警士殴伤。此次风潮，学生之被捕被殴者，除北平外，以南京、武汉及闽省为最甚。[1]

在学生运动期间，鲁桂珍也加入了游行示威的队伍，但她们都没有像女高师群体那样，在五四运动后加强对国语的学习。也就是说，五四运动对她们的语言学习观并未产生重大的影响。鲁桂珍说，在明德的最后两年，她忙碌得超乎寻常，因为她必须学好英语，考入金女大，为将来的工作做准备。这个时候，她的理想认同就是成为一名金女大学生。对她而言，英语的学习关系到切身利益和未来的发展，值得为之付出。与 1918 年前后相比，鲁桂珍对英语的态度完全变了，即使在民族呼声高涨的五四时期，她也不再把英语与民族认同联系起来，而是从个人发展的角

1　登庵：《学界风潮记》，上海：中华书局，1919 年，转引自王钱国忠，《鲁桂珍与李约瑟》，贵阳：贵州人民出版社，1999：10。

度来看待英语的学习，英语成为她迈向未来必须具备的重要能力之一。

　　1922 年 6 月，鲁桂珍从明德毕业，如愿考入金女大。刚入校时，鲁桂珍感到非常孤独，因为金女大满是陌生的人和事，每个事物都是她需要跨越的障碍。然而，鲁桂珍阐明，自己带着强烈的愿望开始了在金女大的学习。大一的时候，她选择了英语、国语、数学、历史、宗教和卫生六门课[1]。起初，这些课程对她来说都太难了，以至一度觉得异常疲惫，甚至有了退学的打算："我想，如果按照朋友的建议，多学一年再回大学一定会好上很多。"她所谈及的困难，主要是由语言问题引起的。这里说的语言问题，不仅指英语水平不足所带来的课程学习的困难，还指她在适应金女大学生群体的"洋泾浜语言"上所遇到的困难。

　　根据在耶鲁大学神学院档案馆发现的鲁桂珍成绩单，所列课程与她在自传中所述略有出入。成绩单显示，她学习的课程包括英语、国语、历史和数学，其中英语课程有两门（成绩单上并没有给出详细的课程名称），成绩一门为 D，一门为 F，是所有课程中最低的[2]。

　　看来，在大学第一年的学习中，英语是她最大的障碍。而金女大学生群体所使用的洋泾浜语言，也让她有了"陌生人"之感，在自传中她这样描述自己刚接触到洋泾浜语言时的感受：

1　这里需要说明的是，金女大自建立之际就规定，文理两科学生在四年学程内要修满 20 学分的国语课程。虽然金女大的国语教育水平有限，但它确实是学生的必修课，学生的成绩单上也都有国语一科。见 "Bulletin of Ginling Nanking China"，1915, UB-CHEA, Box 128, Folder 2632, P. 1076; "Student lists and statistics" 1918-1931, UB-CHEA, Box 129, Folder 2651-2655. Divinity Library Special Collections, Yale University.

2　"Student lists and statistics B-K" 1918-1931, UB-CHEA, Box 129, Folder 2652. Divinity Library Special Collections, Yale University.

起初，我觉得它非常奇妙，真是太让人惊奇了。这种语言是将简单的英语和国语结合起来，有自己独特的句子结构、表达方式和缩写形式。一个陌生人也许能听懂讲话者说出的每个词，却无法理解讲话者所表达的意思。比如说Oxygen这个词，某些时候，你会在金女大的餐厅中听女生们提到它，这让人非常奇怪，但最终你会发现，它的意思很简单，女孩子们用它来指鸡蛋汤。

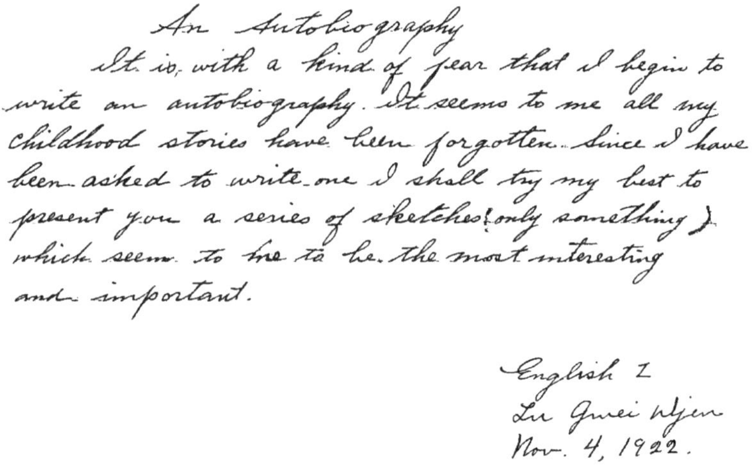

An Autobiography

It is with a kind of fear that I begin to write an autobiography. It seems to me all my childhood stories have been forgotten. Since I have been asked to write one I shall try my best to present you a series of sketches (only something) which seem to me to be the most interesting and important.

English 1
Lu Gwei Wjen
Nov. 4, 1922.

图 5.2　鲁桂珍自传开头部分与签名

也就是说，在金女大，存在着复杂的语言局面：作为学术语言的标准英语，作为共通语的洋泾浜英语，还有作为必修科目的国语。鲁桂珍需要在这三种语言中找到重点和平衡，这样才能融入金女大社群，开展下一步的学习。从上文的描述中可以感受到，她是带着一种想要探索的心态去面对困难的："幸运的是，我很快就掌握了大学学习的要诀，我也不再是个陌生人了。我知道怎样享受大学生活，也知道怎么准备课程，而且，我还了解每位老师的教授目的。"鲁桂珍的这番话表明，她很快就成为金女大社群中的一员，掌握了金女大语言使用和课程学习的规则。同所有学生一样，她也投入了紧张的学习："在我看来，一名大学女生的生活就是学习，去图书馆查找参考书，然后写笔记。她完全没有时间去思考、玩耍、读报，或者和朋友相聚；她甚至没有时间吃饭睡觉。"

对于如此繁重的学习，鲁桂珍多少有些抱怨。她认为，繁重的功课使得学生们纯粹为了学分或考试而学习，忽视了个人精神层面的需求。虽然抱怨太辛苦，鲁桂珍还是承认自己在大学阶段获益良多："在上一个学期，我认真地（dutifully）学习，通过了所有的考试。在学习中，我与逝去的智者对话，与当代的智者切磋，从这个方面来讲，我喜爱大学生活。"从鲁桂珍的描述中我们发现，她对英语的观点与徐亦蓁非常相似，都是把英语视为获取知识的媒介来学习，把英语同个人未来的发展相联系，而不是单单为提高个人的英语水平。在这篇短小的自传收尾处，鲁桂珍表示，希望自己能够像在中学时那样刻苦。她还提醒自己的朋友们，要记住为个人的发展而努力攻读，而不是为了得到好分数去学习。

鲁桂珍的这篇自传，最后一次书写的时间是 1923 年 6 月，这时她行将结束大一的学习，准备升入大二。由于缺乏资料支撑，对于她后来的学习生活无法展开细致考察，但她显然已经步入正轨，掌握了沟通与学习的要诀，开始以英语为媒介，探索个人未来的发展了。成绩单显示，随着学习的深入，她的英语水平在逐步上升，成绩从大一的 D 和 F 提高到了大二的 C，再到大四的 B。1926 年，鲁桂珍大学毕业，获理学学士学位，随后入北京协和医学院从事病理学研究；1927—1933 年，她先是供职于上海基督教女子医学院（Shanghai Woman's Christian Medical College）、圣约翰大学，教授生物化学类课程，后入上海雷士德医学研究院（Henry Lester Institute of Medical Research）从事研究工作[1]。鲁桂珍实现了她在中学时的英语学习目标：学好英语，完成大学学业，为自己未来的工作做准备。此时的她，已经拥有了明确的身

1　"Correspondence, Lu Gwei-djen", 1934-1947. UB-CHEA, Box 139, Folder 2777. Divinity Library Special Collections, Yale University.

份和属于自己的一块研究领域。在 1939 年的一封信中，鲁桂珍以满意的口吻谈到她在雷士德医学研究院的工作，称自己在那里拥有一个非常好的职位。而她开出的个人研究成果清单，也全部用英语写成。1937 年，鲁桂珍入剑桥大学攻读博士学位。1939 年，她代表中国参加在美国召开的太平洋科学研究大会，是参会的唯一一名中国人。而她最为人所熟知的，便是激起李约瑟（Joseph Needham）对中国文字及古典医学的兴趣，并协助这位剑桥学者完成了巨制《中国的科学与文明》（*Science and Civilization in China*）。这套丛书由剑桥大学出版社于 1954 年开始发行，向世人介绍了中国古代文明对人类文明进步的巨大贡献。用鲁桂珍的话说，李约瑟在东西方文明之间架起了一座桥梁，而她自己是支撑这栋桥梁的桥拱[1]。

考察鲁桂珍的英语学习轨迹，我们发现，她先是在家人和老师的影响下改变心意，放弃了将学习英语等同于背叛民族的想法，而随着学习的深入，她越来越意识到英语的价值，把英语学习视为发展自我的前提，最终借助英语这一广泛通行的学术语言，使自己和自己的研究走上了国际舞台，成为中国女性在科学研究领域的杰出代表。鲁桂珍的成就为世界所认可。1991 年，《卫报》曾刊出一篇关于她的文章。作者指出："鲁桂珍出生于妇女从事科学事业在中国简直是难以想象的时代。"不可否认，是英语和以英语为媒介的西学学习，为她在那难以想象的时代中铺出了一条走向国际知名研究者的道路，到她漫长的一生结束时，她不仅协助李约瑟完成了巨著《中国科学技术史》，而且成为剑桥大学科学史专门研究基地——东亚科学史图书馆（李约瑟研究所的前身）的共同创办人。

5.2.2　影响因素分析

综观鲁桂珍的语言学习和认同发展轨迹会发现，她的语言学

1　曹聪：《告诉你一个真实的李约瑟》，载《中华读书报》，2008 年 10 月 9 日。

习呈现为国文启蒙、排斥英语再到投入英语学习的过程。这样的学习轨迹与徐亦蓁不同，徐亦蓁生于新兴知识分子家庭，由于家庭语言环境和家庭教育的影响，很小就萌发了学习英语的念头，且对英语的资本价值、中西权力有着清晰的认识，建构了"留美学生"的想象认同。而鲁桂珍的家庭属于传统的小商户，她与家人似乎并不真正了解英语的资本价值。在入教会学校之前，她的语言意识形态主要是受社会主流意识形态的影响，对语言的资本价值并无清晰认识。因而，与徐亦蓁相比，她的女性认同在具有"多元"性的同时，少了"冲突"的一面，她似乎并没有像徐亦蓁那样，需要平衡权力体系的复杂关系，借助策略性的语言学习和使用来建构和谐的女性认同。下文将主要从（1）语言意识形态；（2）共同体两个方面来解析鲁桂珍的语言学习与认同建构。

（1）语言意识形态

民国初期的中国，国家积弱，民族主义情感使得国人对英语感情复杂。它一方面象征着"高级别文明"，使得人们对它抱有敬畏感；另一方面，它又代表着西方强权，对此人们怀有深深的敌意。而国语则被视作民族认同的标志，在中国主流社会具有"符号资本"（Bourdieu，1991）的功能，是合法、权威的语言。这样的语言意识形态在鲁桂珍初期的语言学习态度中有明显的体现。由于先读了两年国立小学，鲁桂珍初期接受的是国语教育，接触的是国语是民族认同标志的意识形态，因而刚转学到教会学校时，她对英语持异常敌视的态度："我讨厌外语，为什么我一个中国的女孩子要学英语？"她认为学英语的女孩子是"卖国贼，大傻瓜"。在这种语言意识形态的引导下，鲁桂珍将英语学习与爱国对立起来，她表现出对主流语言意识形态的顺从，其认同建构因而也就拘囿于主流社会对女性的认同定位上。

然而，一旦就读教会学校，鲁桂珍就开始被另一套话语所包围，这套话语所携带的语言意识形态是将英语同科学知识、西方文化和文明联系在一起，所指向的是西方话语定义下的"受教育的女性"认同。鲁桂珍指出，"在学习中，我与逝去的智者对话，与当代的智者切磋"，这样的知识获取，都是在以英语为媒介的话语中发生的。在系统的英语学习中，这种语言意识形态开始对她产生影响，一个直接的结果就是她偏向英语的语言惯习开始养成。鲁桂珍指出，在明德的最后两年，她忙碌得超乎寻常，因为她必须学好英语，考入金女大，为将来的工作做准备。可见，此时的鲁桂珍认可英语在教育和就业方面的优势地位，把成为一名金女大学生作为她的理想认同。考入金女大后，偏重英语的语言意识形态得到进一步的加强。德科斯塔（P. I. De Costa）的研究表明，语言意识作用于语言教育的方式，就是对学校的课程设置产生影响（De Costa，2016）。金女大重英语、轻汉语的意识形态，反映在课程设置上，即英语不仅是学习的唯一权威语言，更是生活交流需借助的工具，而国文国语则被边缘化。金女大的话语体系影响了鲁桂珍的自我认同建构，她越来越偏离中国传统的女性认同，向金女大标榜的"女性领导者"的认同靠拢。毕业时的鲁桂珍建构起了对于中国主流社会而言相对异化的女性认同，她选择到西方人主导的医学院从事病理学研究，后来更是求学剑桥，冲刺学术顶峰。

（2）共同体

与徐亦蓁相比，鲁桂珍的语言学习和认同建构少了"冲突"的一面。中西权力关系的不平衡、国语和英语的对斥等，对她的影响似乎并不大。解析原因，一方面可能是由于资料不足导致的，鲁桂者的资料缺少对细节的描述，无法全面展示其认同建构状况；另一方面，她自小就读教会学校，踏入社会后，又在西人开设的研究机构中工作。在这些环境中，中国主流社会的语言意识形态穿透力不强，对其生活语境的影响不大，导致她所处的微观语言环境较为单纯。本节将鲁桂珍的学习和工作环境视为实践共同体，从共同体的角度对她的语言学习和认同建构展开分析。

　　实践共同体的一个典型特征是参与者共享对其活动的系统理解，这种理解与参与者所进行的行动、该行动在他们生活中的意义以及所在共同体的意义相关（Lave et al.，2004：45）。当我们将教会女校，特别是金女大视为一个实践共同体时可以发现，金女大人为地将其成员同中国主流社会的活动隔离开来。该校重英语、轻汉语，以疏离于中国社会环境为特点，其教学活动及目标与美国接轨，因而中西语言、政治、文化等权力关系较少对其成员产生影响。它以英语为工具教授西方科学知识，希望学生能在以英语为媒介的学习中不断改变对自我和世界的认识，由该共同体边缘性的参与者（传统中国女孩子）成长为充分的参与者（"妇女领袖"），进而参与中国的社会重建。掌握英语、贡献于中国社会是金女大共同体所有成员对其活动共享的理解。鲁桂珍的个人叙事表明，她花费了大量的时间来学习英语，以便成为金女大的一员。为了考入金女大，鲁桂珍在中学的最后两年忙碌得异乎寻常；进入金女大后，她又几乎把所有的时间都花在了提高英语成绩上。初入学时，因为英语水平不足，她差点产生退学的想法；英语课业成绩由 F 到 B 的提高，描绘出了她在金女大四年的学习轨迹。

　　细读鲁桂珍的叙事话语还可以发现，她的知识建构都是在英语的学习和使用中发生的，在这个过程中，学习行为也成为对个人认同的投资行为。鲁桂珍写道："在学习中，我与逝去的智者对话，与当代的智者切磋，从这个方面来讲，我喜爱大学生活。"这段话表明，鲁桂珍对大学生活的喜爱是建立在知识获取的基础上的，而知识的获取则是在英语的学习和使用中发生的。在这样的学习过程中，她逐渐将英语水平与个人发展挂钩。她在微型自传中写道，要为个人的发展而努力攻读。由此可见，实践共同体对成员身份的约束和塑形力量是鲁桂珍全力投资于英语学习的重要因素。

5.3   个案三：张肖松

张肖松和鲁桂珍是同级同学，但与鲁桂珍不同，张肖松晚年有手书回忆录于 2012 年由台湾大学出版中心出版。在回忆录中，有一些关于她少年时期英语学习经历的详细记述。此外，她的课程作业、信件等，在耶鲁大学神学院档案馆也有保存。因此，张肖松的资料相对完善，但所存资料对就读金女大之前的英语学习记述较多，而对就读金女大期间英语学习的记述却相对粗线条，这也在一定程度上导致了分析的困难。

5.3.1   英语学习经历与认同建构轨迹 [1]

1901 年，张肖松出生于湖北武昌一个小商人家庭，在回忆录中她写道，家里姐妹们的管教和将来的计划全由母亲掌握。母亲一向守旧，反对女孩子读书，只允许姐姐们跟随一位姨婆学习，读一些旧式小说之类。而等她到了入学年龄，当地的社会风气已有所转变：教会学校开始招收学生，自家邻居的孩子也开始入读教会小学。母亲看到学童们很有规矩地上学放学，便生起好奇心。慢慢地，母亲的心意也有所转变，她决定送张肖松去读书，目的是希望张肖松识字后，可以帮她记账，并在父亲外出经商写信回家时，可以读懂信件。对于这样的学习目标，张肖松时时记在心里，并在回忆录中一再提及。可以认为，她的家庭对她的学习规划，就是以"识字"为目标的国语学习。于是，张肖松就近进入名为圣安得烈堂的教会学校，开始接受文言的启蒙教育。圣安得烈堂仅有一位老师，是一位中国教徒的妻子，所教授的内容主要是《三字经》《百家姓》和《四书》等。《三字经》每三字一句，有韵律，她非常喜欢，背得滚瓜烂熟，到八十多年后依旧能

---

1   若无特殊说明，下文所引张肖松的材料出自台大心理学系校友会、台大心理学系：《张肖松博士手书回忆录》，台北：台湾大学出版中心，2012。

够记诵。

在金女大一年级时所写的课程作业"我的自传"(My Autobiography)[1]中，张肖松对这段时间的学习也有所提及。她写道，刚上学时，由于老师过于严厉，她经常藏在邻居家里，逃避上学。然而母亲总会找到她，再把她送到学校。如此一段时间后，她逐渐掌握了一定的知识，开始得到老师和父亲的认可，也开始喜欢上学。在这份作业中她说，自己从一个逃学学生到一个勤奋学生的转变，全是由于母亲的坚持和严厉。三年后，她因搬家而转学进入圣希理达女校读书，自此开始了英语的学习。

与大部分教会学校类似，圣希理达女校也以英语为媒介语言，主要教职人员由西方传教士构成，学校开设专门的英语语言课程。张肖松回忆说：

> 我小学的好几门课，如历史（即英国史或世界史）、地理（多为欧洲和世界地理）、《圣经》、数学等，用的都是英文课本，说的听的都是英语，只有国文和理科的课用中文。那时，政府尚没有订定学校必须立案的制度，各校皆自订课程，不受任何规定或限制。

然而，刚入校时的张肖松却没有去上英语课，她回忆说，原因是"懵懵懂懂，害怕那么洋的东西"。在不熟悉的环境里，她自卑感很重，以为自己内外都不如人，被那些学习了英语的同学用英语哄笑却浑然不知原因。可见，此时的张肖松在新的校园群体中是一个"外来者"，并没有很好地融入其中。对最初两三年在圣希理达的日子，她记忆最深刻的是听故事或讲故事的情形。她最爱听校监程瑞芳女士朗读或讲故事，程女士所讲以西方童话故事为主，对她来说颇为新鲜。四五年级后，她也开始给同学讲故事听。听故事和讲故事成为她融入新环境的重要手

---

[1] "My Autobiography"，出自 Record Groups 11, 11A, 11B: Ginling College Records, Divinity Library Special Collections, Yale University。

段，而她之所以从一个"听故事的人"变为"讲故事的人"，在这一共同体内由边缘走到中心，是同她英语水平的提高联系在一起的。

张肖松在回忆录中写道，入校一段时间后，校长发现她宁愿在操场上玩耍也不去上英语课，就在一天放学时询问原因，她回答说："英语太难了。"校长于是主动提出在一天课程结束后，每周三次，为她和另一位同学补习英语。她欣然接受，而且很快超越其他学生，开始在英语课程上取得较高的分数。在这一过程中，张肖松对英语的情感也开始转变：

> 我个人对英文是有缘的，对它特别有好感，尤其喜欢第一次用的英文读本 *Stories of the Greeks*，我百读不厌，生字一看就猜对它在一句话中的意义，因为它嵌在字句之间，不查字典也能领会其意，而且我没有英汉字典，总未想到自己能拥有这贵的东西。……我与英文结了不解之缘，每天读的津津有味，以至于后来许多生字只能意会而不多译为中文了。

据张肖松的回忆录，她的这种对英语的情感的转变，在开始系统学习英语一年后发生。她爱上了阅读英语故事，并将自己读到的故事栩栩如生地讲出来，得到了同学们的欢迎。"再过一二年我能阅读英语故事了，就得了无限的资源，尤其是我第一本英文读本 *Stories of the Greeks*，内里希腊神话故事多的是，我就得到了源源不尽的充分题材了。所以讲故事成了我小学时的消遣，从来不愁没有听众。"可见，通过英语水平的提高，张肖松不仅顺利融入了新的校园群体，其认同更由"外来者"变为"合法的言说者"（legitimate speaker）（Bourdieu，1977c：650）。此外，该校教师多来自美国新英格兰地区，她自开始就习得了较为标准的美音，这为她以后在金女大的学习打下了基础。

与鲁桂珍相同，张肖松对英语的情感也是从排斥到接受。所不同的是，张肖松对英语的排斥，似乎与民族情感无关，而她对英语的喜爱，也并未影响她的国文学习。在回忆录中，她写道：

> 国文我也喜欢，尤其是四书五经，我仍是朗诵而读的。我也读书中的注解。那时头脑十分清澈，读过后不易忘记，连注解我也一样能背诵它，所以到圣公会在四省（鄂、湘、皖、赣）所设学校联合大考之时，四书考试题目中有一题是解释一段经文，我竟能以书中的注解一字不漏地背写出来，得了满分。

但是张肖松也坦承，自从和英语结了不解之缘以后，她花在英文书上的时间越来越多，逐渐不再看中文旧式小说了。在小学毕业考试中，她取得四省教会学校毕业生联合考试第一名的成绩，父母因此非常骄傲。她写道，自己终于达到了升学的目的，"不止于能读信记账而已"。这样的话语表明，英语学习之于她，有了改变命运的意义，她的认同，也从最初能为母亲记账读信的小女孩，发展成为少数可以接受中等教育的女性。而这样的认同转变，发生在教会学校的英语学习中。

对中学生活的回忆，张肖松着墨较多的是她这一时期的语言学习。她的中文阅读包括《古文观止》《四书》《五经》等，给她留下了深刻的印象，儒家教训与《圣经》一道，成为她为人处世的行为标准。她依旧热爱英语阅读，醉心于英文小说，"稍一有空，必沉湎于其中，成天必有一卷在手，只要功课温习完毕，剩余的时间就花在小说上了"。此外，她受校长的安排，开始由客座教员贝小姐教她学习法语，如此持续两年。直到临近毕业她才得知，校长本打算在她中学毕业后送她到美国读书，然而，这样的计划由于法语教师贝小姐极力反对而未得实施。

在那个时候，很少有女性可以进入高中学习，张肖松也从未奢望可以在初中毕业后继续学习，然而校长希望她能继续接受教育后回校服务，于是便几次劝说她的父母，使她最终能够完成高中学业。1919 年，张肖松高中毕业，是仅有的三名毕业生之一。她毕业后留校担任校长室的书记和助手，同时教授小学与初中的历史、英语和《圣经》等三门课。在这段工作时期，她感念校长为她补习英语，让她产生对英语的热爱，并有一份体面的工作，因此，在工作之余，她也开始给学校内可造就的学生免费在课外补习英语。"我所得到的最大的报酬是亲眼看到她们天天进步，能运用英语作为求学升学的良好工具。"可见对此时的张肖松而言，英语早已不是一门课程，也不仅仅是兴趣爱好，而是个人发展必需的语言工具。她深刻认识到这一点，于是希望更多的女孩子能够借助英语学习，获取更多的发展自我的机会。

如此工作到第二年，她开始对自己的未来感到困惑，羡慕那些可以接受大学教育的"幸运者"。1922年春天，张肖松由校长举荐，参加了金女大的入学考试，顺利升入金女大学习。她描述自己当时是"欢欢喜喜地接受"。而她在金女大的学习和认同发展轨迹与鲁桂珍极为类似：先是由于语言问题而将自己视为"局外人"，再在英语的提升中适应大学学习生活，成为金女大共同体的一员，最后作为少数完成高等教育的女性，带着责任感踏入社会。

对于金女大第一年生活的描述，她写到自己"真是新（green）透了"，最大的困难是语言不通。不仅是因为方言混杂，还由于其他同学的英语发音与她不同，让她以为自己不如来自上海、南京地区的同学，一度放弃自己的发音，开始偷偷模仿别的同学。好在英语教员斯滕德尔女士及时发现并提醒她，她的英语是美国新英格兰地区的标准发音，这让她不再觉得自己事事不如人，对自己之前所学开始珍惜，自信心也得以增强，对英语阅读的兴趣也延续下来。她写道，自己一年级寒假留校两周，读了十多本长篇小说，包括狄更斯、艾略特等人的作品。她进步很快，大一结束时就以级部第一名的成绩得到奖学金，成为一名优秀的金女大学生。此外，张肖松表明，国文一向是她最喜欢的功课，她能书写一封通顺的信，并得到一位国文颇佳的朋友的好评。然而，她在一篇作文《我在金陵的第一年》（"My First Year at

Ginling College"）中也写道，金女大读书期间的汉语学习让她失望。在进入金女大之前，她觉得自己的国文能够取得很大的进步，然而 9 个月后，这样的雄心便消失了（vanished），一方面是因为学校的中文课程太少，另一方面是因为她个人的兴趣还是更多地在英语上。[1]

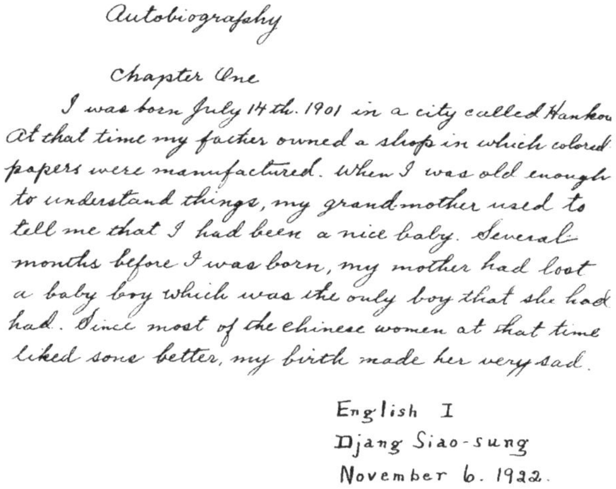

Autobiography

Chapter One

I was born July 14th. 1901 in a city called Hankou. At that time my father owned a shop in which colored papers were manufactured. When I was old enough to understand things, my grandmother used to tell me that I had been a nice baby. Several months before I was born, my mother had lost a baby boy which was the only boy that she had had. Since most of the chinese women at that time liked sons better, my birth made her very sad.

English I
Djang Siao-sung
November 6. 1922.

图 5.3 张肖松自传开头部分与签名

在大学的头两年，张肖松只修习学校规定完成的必修科目，把精力放在主修的历史和辅修的教育与心理学上。此后她的学习并没有什么特殊的困难，一直以优异的成绩到大四毕业。金女大的学习，除了让她更加爱读书之外，还让她意识到自己的学习机会来之不易，她的眼界得以开阔，思想也得到了丰富。她还写道，她非常清楚国家的需要，也知道如何更好地为自己的祖国服务。在对毕业典礼的回忆中她欣然写道："一个只是准备接受识字教育的女孩，居然靠天意和自己的努力，终能获得学士学位，已够荣宗耀祖了，今后的前程还要靠继续的奋斗，或者在教育界能一展抱负呢！"从这样的话语中可以发现，张肖松的认同不仅发生了

---

1 "My Autobiography"，出自 Record Groups 11, 11A, 11B: Ginling College Records, Divinity Library Special Collections, Yale University。

真实的转变，而且她还建构了新的理想认同，想要在教育界一展抱负。由此可见，在金女大共同体内，以英语为媒介的学习，使她少受中国主流社会女性话语的影响，中西、男女不平等的权力关系也没有对她造成困扰。她非常清楚英语之于女性发展的价值，因此，把英语学习视为首要选择和兴趣，逐渐放弃了国文学习。

大学毕业后，张肖松回圣希理达母校任教，后得到巴勃奖学金(Barbour Scholarship) 资助，到密歇根州立大学攻读硕士学位。在去美国的途中，她还接到太平洋妇女会中国分会的通知，与其他三位同行者一起去夏威夷参加太平洋妇女大会。1935 年，她获得密歇根州立大学心理学博士学位，回国后在金女大和复旦大学任教。1949 年她随丈夫迁居中国台湾，是台湾大学心理学系的建系元老，影响了一批又一批的学子。如此看来，她完成了在金女大毕业时的理想：在教育界一展抱负！

5.3.2 影响因素分析

张肖松的语言学习也是从文言启蒙、排斥英语到全身心投入英语学习。这样的学习轨迹与其传统小商户的家庭背景相关。和鲁桂珍类似，她的家庭并不真正了解英语的资本价值，她学习英语也是从就读教会学校开始的。如此看来，对她的语言学习与认同建构产生影响的因素主要是作为共同体的教会学校。在入教会学校之前，她的语言意识形态也是主要受社会主流意识形态的影响；此外，她的女性认同在具有"多元"性的同时，也少了"冲突"的一面，这与鲁桂珍的认同特征一致。下文从（1）语言意识形态；（2）共同体两个方面来解析张肖松的语言学习与认同建构。

（1）语言意识形态

张肖松生于湖北，与鲁桂珍一样，从小浸泡在朴素的语言意识形态中。她以"记账读信"为国语学习目标，并没有主动学习英语的念头，认为英语是"那么洋的东西"，对英语抱有畏惧感和神秘感。可以发现，她的语言学习也没有明显的投资意识，表现出对主流语言意识形态的顺从，其认同建构也拘囿于主流社会对女性的认同定位上。就读教会女校后，张肖松在校长的帮助下，开始系统学习英语，随着英语能力的提升，她开始一再强调自己对英语的"好感"："我个人对英文是有缘的，对它特别有好感"，"我与英文结了不解之缘"，"我所得到的最大的报酬是亲眼看到她们天天进步，能运用英语作为求学升学的良好工具"。这些话语表明，张肖松开始认同英语作为教育和工作的权威语言，她对英语的偏向已经固化为一种惯习，支配了她生活、学习和工作中的语言使用。

同样，在考入金女大后，这样的语言意识形态得到进一步加强。金女大重英语、轻汉语的意识形态，决定了该校的语言格局，英语教育高度常规化，国文国语教育则被边缘化。张肖松在微型自传中写道，自己想要在国文上取得进步的想法，在入学金女大9个月后就消失了，学校提供的中文课程实在太少了。此外，携带这种意识形态的话语逐渐构成一种知识话语体系，而在后现代主义看来，话语是知识极其重要的中介，人类所知所晓的一切，人类所建构起来的所有文明，都是以话语为传递手段最终完成的（Foucault，1981）。金女大的话语体系影响了张肖松对世界的认识和自我认同的建构。张肖松在微型自传中描述了自己如何夜以继日地攻克英语，以求在学业上取得好的成绩。她也强调，自己之所以放弃提升自己的国语水平，除了学校提供的课程太少外，还由于她个人的兴趣更多的是在英语上。金女大的学习让她"开阔了眼界，虽然很难说在多大程度上，但我现在可以看得更远"。毕业时，张肖松回到教会女校工作，并希望在教育界一展抱负。

（2）共同体

张肖松自小就读教会学校，踏入社会后又在教会女校中工作，语言环境变化不大，且少受主流社会意识形态的影响。在这样的共同体内，中西语言、政治、文化等权力关系较少对其成员产生影响，掌握英语是教会女校，包括金女大共同体所有成员对其活动共享的理解。张肖松的个人叙事反映出，她花费了大量的时间来学习英语。她在回忆录中写道，为了能够融入金女大群体，曾一度去模仿其他同学的发音，而意识到自己发音是标准的，则大大提高了她的自信心。另外，英语阅读一直是她享受的活动。实践共同体对成员语言行为和认同的约束与塑形力量在张肖松身上体现得更为明显。她的认同转变经历了从"能记账读信"、接受识字教育的女性，到"在教育界一展抱负"的"妇女领袖"的转变，每一次认同转变，都与她的英语学习状态和课业成绩直接相关。最初入读教会小学时，她以"能记账读信"为学习目标；随着她开始接触并投入英语学习，继而以优异的成绩从小学毕业，她的父母认为她"不止于能读信记账"；中学毕业时她留校任教，因为认识到英语之于个人发展的重要性而义务为学生补习英语；进入金女大后，她成为少数接受英语高等教育的中国女性中的一员，并在毕业时产生了要在教育界一展抱负的想法。可以发现，以教会女校共同体为依托，张肖松通过投资于英语学习而逐步完成了个人认同的转变，共同体的实践和理念对她的语言学习和认同建构产生了积极影响。

　　"理想的共同体"建立在实践共同体的基础之上，指的是以目标社群里被投资最多的成员身份为代表的群体。在金女大，"妇女领袖"是学生心目中的理想认同，良好的英语水平被视为一名"妇女领袖"必须具备的素质。通过对语料的分析笔者发现，金女大作用于学生的英语学习，不仅仅是通过以英语为媒介教育中国女性的实践，还在于它所提倡的教育理念为学生塑造了一个"理想的共同体"。在这个共同体内，现实世界中的不平等权力关系被弱化或克服，学生更高层次的认同选择成为可能。如徐亦蓁在吴怡芳就职典礼上的讲话就向在场的学生表明，现实世界不同权力关系的冲突，是可以通过策略性的语言学习和使用来化解的，通过英语学习成为"妇女领袖"在中国社会是可以实现的。在鲁桂珍和张肖松就读于金女大期间，徐亦蓁等均已毕业，开始在学校担任重要职务，她们共同构成了金女大学生心目中的"理想的共同体"。这一点从张肖松的回忆录中可以发现佐证：

> 即以第一届五人而论，她们成为后辈之楷模。那五位中每一位都成为社会上之领袖，其中吴贻芳以后任金陵女子大学第一任中国籍的女校长和中国教育界的领袖。其才能过人，功勋彪炳；徐亦蓁（牛惠生夫人）曾任母校校董，历年襄助吴校长于母校之发展，亦不失为国际人物……

诺顿认为，投资于"理想的共同体"所使用的语言，为学习者接触想象共同体提供了途径（Norton，2010：356）。通过对张肖松案例的分析可以发现，在当时呼吁女性解放却依旧将女性视为"帮手"的中国社会，投资于英语学习，通过英语来获取为社会上流阶层所认可的文化和符号资本，成为金女大学生接触想象共同体、成长为"妇女领袖"的重要甚至是唯一途径。可以认为，张肖松在金女大毕业时确立了想要在教育界一展抱负的志向，显示出"理想的共同体"对她的认同建构产生了深刻影响。

5.4　本章小结

以上的分析表明，金女大群体的认同也呈现出后结构主义视角下认同的本质特征：多元性、破碎性和动态性。然而，与女高师群体相比，金女大群体的认同建构呈现出更加多元的状态：除了要处理新旧女性的认同冲突问题，在金女大的成员身份问题上，她们还要处理民族认同的问题。本研究想要指出的是，在探寻自我的同时努力建构中华民族认同，履行民族责任，是金女大群体认同建构的鲜明特征。此外，她们投身于英语学习，并以"妇女领袖"为理想的认同建构与其时我国社会的主流女性认同相悖离，这种认同建构的驱动因素值得细细剖析，以便更好地理解在民国时期的中国，英语学习之于个体认同建构和社会发展的意义。

(1) 个体能动性力量与结构性力量

本章三位女性的语言学习与认同建构的相似之处，主要表现在她们对英语学习的投资，以及英语学习对她们认同建构的积极作用上。对这一主题的分析，围绕两个主要的方面进行：一是结构性力量的发挥，二是个体能动性的发挥。这里的结构性力量，不专门指社会结构，还包括家庭、学校等群体性力量。但必须指出的是，家庭、学校作为社会的基本构成单位，其活动也都受社会结构性力量的影响，没有任何个体或机构可以存在于社会权力体系之外的真空中。三位学习者的叙事语料都表明，在选择学习英语这件事上，初期主要是受家庭和学校的影响，而非个体的主动选择。个体能动性力量的发挥，则主要表现在就读金女大前后。具体解析如下。

徐亦蓁生于上海，受上海语言环境的影响，其家庭对英语的经济和文化价值较为敏感，上一辈就开始学习英语，求学西方。她首先受父亲的启发，萌生了学习英语、探寻中西关系的念头；后受叔叔、姑父的影响，在家庭教育的熏陶下，养成了偏向英语的语言惯习；就读金女大后，在金女大"重英语、轻国语"的课程体系下，其英语能力得到极大提升，成为为数不多的通晓英语的中国女性，并在金女大共同体的支持下，逐渐建构起了女性领导者的认同，并获得社会的认可。这样的英语学习和认同建构轨迹凸显的是社会结构性力量对个体语言投资和认同建构的塑形力量。她对英语学习的持续投资，主要是受家庭语言环境下养成的语言惯习的影响，而她在金女大的语言学习和认同建构，则主要受金女大课程设置和教育理念的影响。她个体能动性的发挥，一是表现在对英语学习的投入上，比如她在《先锋》中所记述的，为了完成学习任务，她和同学们曾经夜里三点起床查生词，预习新课，也为了口语表达的流利，在课下和同学们努力用英语交流；二是主动聘请老师，培训她用标准流利的国语发表公众演讲。但是必须指出的是，她个体能动性的发挥，也都是服务于"妇女领袖"的认同建构的。换言之，她的个体能动性的发挥受制于社会结构性力量，是对她所处的共同体实践规则的顺从，所建构的是共同体的共享认同。

对于鲁桂珍和张肖松而言，由于受地区和家庭阶层的限制，她们的家庭教育并未为她们的英语学习提供便利条件，然而她们的叙事语料都表明，由于教会学校在当时已较为普及，父母或是受邻居的影响，或是出于对西学知识的向往，都将她们送入教会学校学习。在教会学校教育的影响下，她们形成了偏向英语的语言惯习。就读于金女大后，她们的英语水平也得到了系统的提升，对西学知识的研习也逐渐深入，在学习的过程中建构起了不同于中国传统女性的认同，成为女性研究者，并产生了想要在自己的研究领域有所建树的想法。整体来看，鲁桂珍和张肖松的语言学习和认同发展轨迹也凸显了家庭和学校的结构性力量，她们个体能动性的发挥，也主要着力于英语的学习，初期的学习目的是为了考取金女大，并成为金女大共同体的合法成员。其后，这种能动性的进一步发挥，是建筑在对共同体实践行为和目标共享理解的基础上的：金女大将良好的英语水平作为"妇女领袖"必须具备的素质的教育理念，对她们的语言学习和认同建构产生了深刻而显著的影响。

据此可以认为，对于三位英语学习者而言，社会结构性力量为她们个体能动性的发挥预设了轨道和目标，而教会学校，特别是金女大共同体，为她们能动性的发挥创造了空间。在民国政府收回教育权之前，教会学校拥有较大的权力和自由，导致与国语相关的话语体系较难渗透到教会学校，国语也就难以参与到教会学校的语言竞争中，无法对英语主导的教会学校语言市场产生影响，也无法对学生的语言学习和认同建构发生作用。表现在三位学习者身上，就是她们持之以恒地投资于英语学习，并建构起了符合教会学校教育理念的女性认同。

（2）民族认同的建构

宋汉理通过对民国时期教育辩论、期刊文章和个人自述的研究发现，"众多的女性学生和毕业生难以融入……主流社会"（Zurndorfer，2005）。这意味着，接受高等教育的女性较难在民族认同的建构上获得主流社会认可。民国时期，我国社会充满了剧烈的语言文化冲突，特别是在国家主权面临威胁之时，女性的言语行为成为她们民族认同的标签，而民族认同又被主流社会视为女性认同的重要方面。于是，学习英语的金女大学生在建构为社会认可的民族认同上面临着重大的挑战：由于专注于英语的学习，金女大的学生经常"被人非难和窃笑"，被称为"西人文化侵略的帮手"[1]。面对这样的质疑，建构中华民族认同就成为她们赢得社会认可的破冰之举。三位学习者的叙事语料表明，她们主要通过两种方式来建构民族认同：一是学习和使用标准国语，通过国语的使用来表明自己的民族认同；二是将英语学习建构成一种民族主义行为，学习英语以便服务于中国社会。

在徐亦蓁和张肖松的叙事语料中，都有对她们国语学习的细致描写。徐亦蓁的国语学习有着非常明显的策略性和目的性。在她被推举为学校董事会主席之时，正是1927年民族主义运动推动政府收回教育权期间，金女大也需要改换为国人校长。在这种社会语境下，英语学习者的民族认同问题变得极其敏感，特别是对女性而言，民族认同成为其多元女性认同最重要的方面，决定着她们是否能为主流社会认可，并获得在主流社会中活动的空间。徐亦蓁建构民族认同的方式，就是在金女大的公众场合使用标准国语来发表演讲。她提前一个月聘请国语教师来培训她，使她的发音相对标准，这"造成了轰动"。这种轰动效应的产生，一是由于1922年左右，国语读音词典才基本确立，而她能够用标准的国语国音发表演讲，表明了她尊崇国语的官方地位，积极支持民族主义运动，是一名爱国的新时代公民。此外，她在金女大的公开

1　施云英，"本校十周纪念与我的感想"，《金陵女子大学校刊》，1925（1）：8。

活动中，使用英语向离职校长道别，再使用国语向全体参会人员发表演讲，在某种程度上赋予了英语作为金女大"离职"语言的意味，将权威语言的权力给了国语，借此平衡了英语和国语之间的权力冲突，建构了一名女性英语学习者的和谐认同（Beijaard et al.，2004）。这样的女性认同获得了以蒋介石为代表的男性主流阶层的认可，开拓了她的社会活动空间，同时也为金女大群体树立了理想女性认同的典范。徐亦蓁之所以取得成功，就在于以国语的学习和使用为主要表现的民族认同的成功建构。

与徐亦蓁相比，张肖松的叙事语料对国语学习的描写没有明显的策略性和目的性，但分析她的语言学习和认同建构轨迹会发现，她也在努力平衡英语和国语学习，并通过这种努力表明自己的民族认同。在对小学学习的回忆中，她强调"国文我也喜欢，尤其是四书五经，我仍是朗诵而读的"。对中学生活的回忆中，张肖松写道，她的中文阅读包括《古文观止》《四书》《五经》等，这些经典给她留下了深刻的印象；儒家教训与《圣经》一道，成为她为人处世的行为标准。对大学生活的描述中，她写了两个国语学习事件，一是她能够用中文写出漂亮的书信，这获得了同学的姐姐的感叹："想不到教会女校的学生，居然可以写出这么好的国文来！"这样的话语使她对自己的国语，以及自己在教会学校之外的社会人士中的形象较为满意。虽然就读于教会学校，但是她对民族的语言文字还是谙熟、热爱的，对于自己的民族认同是珍惜的。第二个事件是她入读金女大后，希望继续提升自己的国语水平，而由于金女大课程设置的问题，这样的理想无法实现。对这种失望心情的描述，也表现了她对通过持续的国语学习来建构民族认同的愿望。虽然这种愿望最终没能实现，但这是教育环境使然，而非她个人的主动选择。鲁桂珍的语料也有类似的呈现，她也曾因自己是"中国人"而拒绝学习英语，"我讨厌外语，为什么我一个中国的女孩子要学英语？"她的叙事，也是将自己的英语学习归于家人的坚持和师长的引导，同样是强调外力的作用，而非个人的选择。这种类似的描述，都反映了她们维护民族认同的初心。

在金女大学生的书信、演讲和回忆录中，有一个共同的主题，那就是"民族主义"。肩负民族责任，做一个对国家有贡献的公民，是金女大学生在述及英语学习时共同的话语主题。有不少学生将求学进入金女大等同于爱国，如一位学生写道："她（老师）对我说，'小姐，如果你不去修大学课程，你就是不爱国。'这话对我产生了重要的影响。"[1] 徐亦蓁在回忆录中表明，自己 8 岁就萌生了学习英语、探究中西关系的念头，这主要是因为父亲的嘱咐："要学习英语以及这些国家（西方列强）的历史，了解它们的用心，它们没有善意，……目的是填饱自己。"此外，徐亦蓁还将接受以英语为媒介的高等教育阐释为民族责任的履行："在我那个时候，即 1915 年，不管是男孩还是女孩，只要有些抱负的，都希望首先进教会学校，然后再赴美深造……我们都有一个目标，那就是回国重建我们的社会。"在回忆录的后半部分，徐亦蓁回忆了她在美国 36 所高校做演讲，以及在联合国工作的情形。在这期间，英语一直是她的工作语言。由于英语水平不足，她曾被质疑，也承受着巨大的压力。但徐亦蓁写道，自己一直在努力提升英语水平，并多次提及和感叹英语水平对于工作的重要性。作为总结性的话语，她明确写道，"我所做的一切，只是想成为对祖国有贡献一员"，"我想为自己的祖国带来荣誉"。非常明显，徐亦蓁将自己学习和使用英语建构成一种民族主义行为，一种爱国行为，英语被处理成一种语言工具，不具有认同标志的功能。这种对英语的"中性"特征（Wee，2010）的强调，也同样出现在鲁桂珍的叙事语料中。在对金女大学习生活的回忆中，鲁桂珍强调学习任务的繁重，将英语刻画为一种学科性知识。1939 年，她代表中国参加在美国召开的太平洋科学研究大会时，英语也只是工作语言，她的叙事强调的是自己是"唯一在场的中国人"，突出了自己的

1　金一虹：《女性叙事与记忆》，北京：九州出版社，2007：21。

民族认同。张肖松的语料则突出强调了金女大教育对她的民族责任感的影响，她不止一次提到，能够进入金女大学习，是极少数女性才能享有的机会，因此要对那些没能接受高等教育的女同胞负责。金女大的教育，除了让她获得"独立思考和工作的能力"，让她"重视合作"，也让她"欣赏责任"——"在这里，……我看到祖国的需求，也知道该如何帮助自己的祖国。"[1]

可见，金女大人对英语学习的回忆，是在建构自我认同的同时建构自己的民族认同，英语学习成为她们履行民族责任的行为，强烈的民族责任感是她们叙事话语的共同主题，如此，民族认同就成为其女性认同的鲜明特征。

1　Djang Siao-sung. My experience as a student in a Christian college in China. YDL: UB-CHEA, Box 136, Folder 2738, Correspondence, 1930-1939.

第六章 理论推进：语言意识形态、认同定位与话语权

　　这三位学者（布迪厄、温顿、安德森）的观点均表明一个事实：现实世界是混乱且冲突的，人们参与到了一个规则由权力机构设定的游戏中（布迪厄）；他们的认同非但不统一反而满是冲突，这是因为，认同是由某种社会力量所规定的他者的语言所建构起来的，而这种社会力量也许并非认同建构者的选择（温顿）；他们所属于的社群不是自然存在的，而是为了满足当权者的利益而通过社会手段和政治手段建构起来的（安德森）。通过反抗一个结构主义的世界，这些后结构主义思想家们开启了对抗的可能性，这种可能性源于人们意识到并且关注到了社会的复杂、变革和悖论。

—— Kramsch, C. 2013：198

　　目前，从性别与认同结合的角度进行的语言学习研究已经取得了不俗的成绩。研究者将学习者置入社会历史语境，对语言学习的各个方面展开探讨（Norton，2000；Davis et al.，2004；Norton et al.，2004a；Norton et al.，2004b；Govindasamy et al.，2004；Carr et al.，2006）。关于认同的研究为语言学习领域提供了一套更为全面的理论框架，将语言学习者个体与大的社会语境联系起来。这表明，认同不仅受家庭、学校和工作机构等组织中人们普遍行为的影响，也受到可接触的资源——无论是符号性资源还是物质性资源——的影响（Norton，2013：2）。这些研究成果加深了人们

对语言教育本质的了解，也促使研究者反思教育的目标、内容及方式。然而，正如我们在文献综述部分指出的那样，一方面，这些研究没有以全面综合的视角来考察课堂与课外的语言学习是如何相互促进的；另一方面，作为生产和复制权力、文化、理念的场所，教育机构在个体语言学习和认同发展中的作用也没有得到系统的梳理。笔者认为，对这两个方面的思考，不仅可以丰富目前的语言学习理论，更可以为教育机构实施改革提供参照。

本研究考察的五个案例同处一个时代，同样是第一批接受高等教育的中国女性。由于微观语境的不同，女高师的两名学生和金女大的三名学生走上了同中有异的语言学习道路，建构了同中有异的新女性认同。面对复杂的语言局面，她们分别选择了重点学习的语言，并为之全力付出，且都借由语言的力量，在一定程度上实现了自我认同的转变。她们的学习轨迹让我们看到，权力关系如何对个体的语言选择和语言学习产生影响，同时，也向我们展示了语言教育在民国新女性认同建构中所扮演的角色。本章将结合第四、五两章的分析，对下面三个议题展开理论探讨：语言意识形态与认同建构；权力体系与认同定位；语言学习与话语权的获得。希望通过这三个方面的分析，能够更加全面地展示课堂外因素对学习者产生的影响，以及教育机构在学习者的语言学习和认同建构中所起的作用及其作用方式。

6.1　语言意识形态

自 1995 年诺顿将认同与语言学习关联起来至今，与其相关的理论探讨从未停止过。文献显示，有一个理论上的发展趋向是意识形态的作用被逐渐凸显。比如在 2015 年，诺顿与其合作者达尔文一起建构的语言学习与认同新模型就强调意识形态在认同建构中的作用，将其定义为"占主导地位的思维方式，它组织并稳定社会秩序，同时确定融入和排他的模式，并将某些观点、个体和关系置于优势或边缘地位"（Darvin et al.，2015：44）。2016 年，德科斯塔出版了他关于五位在新加坡学习的亚洲移民学生的民族志研究，将书名定为《认同和意识形态在语言学习中的力量》(*The Power of Identity and Ideology in Language Learning*)（De Costa，2016）。实际上，将意识形态与认同联系起来理解语言学习和使用的研究趋势在近几年越发明显，学者们给语言意识形态下了不同的工作定义。伍拉德（K. Woolard）把意识形态视为一套获取或维持权力的理念、话语或行为。同时他还指出，意识形态不是自动生成的，它受到社会权力关系的影响，因而，推崇语言标准的意识形态本身就是对不平等的权力关系的再生产。媒体和学校等主控团体通过贬低某种非主流的语言或语言变体来推崇标准语言，进而达到权力关系再生产的目的（Woolard，1998）。麦克格罗蒂（M. McGroarty）将语言意识形态描述为"抽象（而且隐性）的与语言行为有关的信仰体系，对言说者的语言选择和交际互动产生影响"（McGroarty，2010：3）。与这一观点类似，克罗斯克瑞蒂（P. Kroskrity）指出，认同是"在言说者的社会文化经历中建构起来的"（Kroskrity，2004：196），言说者并不能发现其话语中隐含的意识形态，或对意识形态进行反思。也许就是意识形态的这种"隐性"属性，才使学者们对其产生作用的方式感到好奇，进而展开不断的探索。沃瑟姆（S. Wortham）指出，意识形态调节个体的认同建构，在社会主流意识形态的引导下，个体对自我和他人进行角色定位，而这种定位一旦持续发生，就会形成个体和族群的长久认同（Wortham，2001：257）。德菲娜更强调，我们不能忽视"人们在相互交往时所展示、反抗或讨论的认同都是基于意识形态和信念的，这些意识形态和信念展示了不同社会群体的特征，以及对其归属的意义"（De Fina，2006：353—354）。

毫无疑问，语言意识形态对个体的认同建构产生影响。但关于其作用形式，德科斯塔提出了新的见解。他对新加坡英语学习者的研究表明，语言意识形态是与其他的意识形态，如社会政治意识形态、文化意识形态等，交织在一起，对个体的学习和认同建构产生影响的（De Costa，2016）。笔者认为，语言意识形态有不同的层级，它存在于国家话语层面，存在于共同体层面，还存在于个体间的交流中。国家话语层面的意识形态并不能保证一定会渗透到共同体和个体层面，因而，也就不一定对个体的语言学习和认同建构产生直接影响。换句话说：不同层级的语言意识形态的差异可能为个体建构不同于主流意识形态的认同预留了空间。在本书的五个案例中，语言意识形态与性别意识形态和政治意识形态交织在一起，对五位女性的语言学习和认同建构产生了深刻影响。此外，女高师共同体的语言意识形态紧跟社会主流的意识形态，认为白话文是官方权威语言，是中华民族认同的标志，并且随着新文学运动的展开，也成为权威的文学语言，是传播新思想和新观念的语言。而金女大共同体内部占据主流的却是另一套语言意识形态，在金女大，国语被边缘化，英语被当作教育的权威语言和受教育女性的必需素养。在这种不同方面、不同层级的意识形态的引导下，五位女性学习者的认同建构表现出共性的一面，以及复杂、微妙的不同。

在女高师，白话文不仅被视作标准语言，还是代表思想解放和女性解放的语言。在当时，使用白话文写作是女性在男权主导的知识分子中获取认可的重要甚至是唯一手段。然而，当时的性别意识形态虽然鼓吹、支持妇女解放，将女性接受教育视作"强种保国"的重要手段，却依旧将女性限制在"贤妻良母"的角色中。这种复杂交织的意识形态，一方面导致程俊英和黄英在文白转型时期都选择学习和使用白话文，以此来建构自己独立的、为男性知识分子认可的新女性认同；另一方面，又产生了"知识误我"的困顿。在学习白话文的过程中，她们开始追求并建构独立新女性的认同，希望能够与男性知识分子获得平等的社会地位，然而却发现，一旦离开校园步入社会，她们并不能真正融入男权主导的知识分子群体，婚姻和家庭依然被视作她们主要的活动场域，而她们的社会角色，也就被限定在男性的"帮手"和"贤妻良母"上。虽然白话文学习在某种程度上帮助她们建构了独立的女性认同，但这主要是发生在女高师共同体内。女高师共同体内部主流的性别意识形态，是由具有革命精神的男性知识分子主导的，是与社会上的主流性别意识形态有所冲突的。因而，一旦离开共同体，她们就受困于社会主流的性别意识形态，这使得她们的新女性认同带有了妥协的性质。

程俊英自幼学习文言，家庭教育帮助她较早形成了相对稳固的语言意识形态，即坚持文言是权威、正统文学语言的地位。这种语言意识形态如此稳固以至于开始具有"惯习"的属性，因此，在程俊英入读女高师后，师友的影响虽使得她的语言意识形态有所调整，但没有彻底改变。她始终认为文言是隽永、奥美的，而白话文的优点在于其应用性和时事性。因此，她虽然接受并愈发认可白话文，并将白话文与女性解放挂钩，进而想要成为一名传布新思想、新理念的时代新女性，但却始终未放弃对文言的研究。然而，她却不能建构起一名"研究者"的正统知识分子认同，这主要是受两方面意识形态的影响：一方面，传统性别意识形态下的研究型知识分子均为男性，而女性最多被冠以"诗人"称号而非"士"；另一方面，文言在当时被斥为"死去的语言"，是需要被革命的对象。因此，女高师毕业时她只能留校任校刊编辑并兼任中学国文教师，随后却因为是女性而不被续聘。这表明，对文言的热爱和持续学习不能让她建构传统知识分子的认同，而白话文的学习又未赋予她足够的话语权，去打破主流意识形态对女性的约束，她的独立新女性认同仍然是受控于男权主导的主流性别意识形态的。

黄英由于生活在重男轻女的家庭环境中而一直被边缘化，且由于小时候语言学习的不愉快经历，对文言极其厌恶，进而认为自己是"下流、愚笨"的。幼时的她似乎没有形成相对稳固的语言意识形态，这也就导致她极易被女高师共同体的意识形态所影响。比起程俊英，黄英的语言意识形态简单和直接，她高度认同白话文作为新文学的权威语言，常常在公开场合表明自己的观点，并付诸文字。她似乎通过白话文写作建构起了心目中理想的新女性认同，但这种认同却受到严酷的挑战：她的新女性认同并不能被所有人接受，"时时被冷讽热骂"。前文已指出，女高师影响下的语言和性别意识形态与社会主流意识形态是存有冲突的。在女高师内部，随着频繁地发表文章，黄英的白话写作能力逐渐帮助她建构起了为师长和同学接受的认同，被称为新文学创作名家，这样的认同是与女高师推崇白话、推崇女性解放的意识形态相一致的。然而，与程俊英类似，一旦毕业离开女高师共同体，黄英的女性认同也遇到极大的挑战。虽然新式知识分子推崇白话文，但我们有必要清醒地认识到，这样的语言意识形态是与传统的性别意识形态纠缠在一起的。这些人一方面鼓励女性通过白话文的学习和写作建构新女性认同，另一方面却仍旧希望女性尽到"贤妻良母"的本分。黄英的几段婚姻经历使她的女性认同不见容于主流意识形态。她的白话文写作能力并不能与主流性别意识形态相抗衡，因而，她建构在白话文写作能力基础上的新女性认同，也就处于争议与挑战之中。

对女高师两位学习者的解析表明，正是语言意识形态和性别意识形态交织的复杂性，导致了两位学习者新女性认同的冲突性与复杂性。若女性的认同与主流性别意识形态相悖，那么她就很难建构起超越现实的性别认同，其认同"破碎、冲突"的一面自然就凸显出来。

在金女大，国语被边缘化，英语不仅被视作权威的教育语言，还是受教育女性必须具备的语言素养，是了解世界并与外界沟通的语言。这样的语言意识形态与中国主流社会的语言意识形态是存有冲突的，冲突的焦点在于语言作为民族认同的标志上。虽然社会普遍接受英语是研习西学的必需工具，但人们对英语的态度是复杂甚至矛盾的——既崇拜又憎恶，既向往又抵制。这种复杂的情绪与敌视西方的政治意识形态杂糅在一起，导致人们更加重视国语作为民族认同标志的地位。此外，主流性别意识形态一方面强调妇女解放，另一方面依旧将女性限制在"贤妻良母"的角色中，因而，女性的语言学习和使用便不仅仅关乎个体的认同建构，还具有国家和民族的意义。在这种复杂的意识形态网络之中，金女大推崇"妇女领袖"的英语学习注定面临更多挑战。资料显示，金女大通过强化共同体内部的意识形态，且疏离于中国主流社会，人为地将复杂的意识形态网络简单化。它强调英语之于个体发展，之于中国与世界对话的工具意义，努力调和"英语"和"国语"之间的冲突。换言之，社会主流语言意识形态被隔离在金女大共同体之外。因此，在英语学习的过程中，三位女性能够建构起与主流性别意识形态不同的女性认同，她们都想在自己的领域内扮演专业人士或领导者的角色。

金女大三位学习者对幼年英语学习的回忆，都揭示了社会主流意识形态对她们语言学习的影响。徐亦蓁受家庭教育的影响，认定英语具有较高的资本价值，是"有知识的人"的语言，也是探寻中西关系的必需。在父亲、母亲、叔叔和姑父的持续影响下，她与英语有关的语言意识形态固化为"惯习"，这种惯习贯穿了她一生的语言学习和使用，在中年时期，她还写下"想要走得更远，（她）需要英语"这样的话语。在这种语言惯习的影响下，哪怕民族认同遭受质疑，她也只是策略性地学习国语，目的只是为发表一次公众演讲，建构那一时刻的中华民族认同，而非系统提升自己的国语水平。鲁桂珍幼年时对英语和英语学习者的敌意，以及张肖松对英语的敬畏，都是对当时社会主流意识形态的直接反应。鲁桂珍称"我讨厌外语，为什么我一个中国的女孩子要学英语？"她还将学习英语的女孩子称为"大傻瓜"，这忠实地记录了主流语言意识形态对她的影响，她对英语的敌意主要是出于民族感情。张肖松排斥英语学习的原因是"懵懵懂懂，害怕那么洋的东西"，她认为英语是神秘的，进而对英语抱有敬畏的情绪。

这些都让我们看到，在进入金女大之前，社会主流意识形态，包括语言和中西关系，都会对个体的语言学习产生直接影响。

进入教会女校后，徐亦蓁的语言意识形态得到进一步固化，而鲁桂珍和张肖松的语言意识形态则被逐渐改变，她们对英语的敌视或畏惧情绪消除了，开始专注地投资于英语的学习。如鲁桂珍回忆她在明德中学的最后两年，为学好英语忙碌得超乎寻常，而张肖松也回忆在小学和中学时期"与英文结了不解之缘，每天读的津津有味"。资料分析显示，交往对象——老师和同学——对英语的态度是导致她们学习行为转变的主要原因，而老师和同学的态度，则是裹挟在教会学校共同体的语言意识形态中的。这就是语言意识形态对她们产生作用的微妙形式。考入金女大后，她们看重英语的语言意识形态得到进一步加强，社会主流意识形态对她们的影响逐渐减弱，共同体的意识形态开始占据主流地位。对英语学习者民族认同的质疑，对西方强权的敌意，都无法改变她们对英语之于个体发展的重要意义的认识。可以说，通过疏离于主流社会，金女大共同体对中国社会主流意识形态进行了有选择的"过滤"，强化与其意识形态相符的观点，摒弃冲突的观点，以此达到在共同体内形成意识形态主控的目的。此外，在共同体主控意识形态的引导下，特别是金女大校长关于学习英语以帮助丰富中国女性生活、培养"妇女领袖"的思想的引导下，学生们逐渐在英语学习与民族认同之间寻找到了一个制衡点，并以此作为自我语言学习和使用的引导。这种制衡点就是"成为对祖国有贡献的一员"，"为自己的祖国带来荣誉"。在这种思想的引导下，她们依托金女大共同体，专注于自我的英语学习，希望在自己的领域内有所建树，进而有贡献于国家和民族的发展。

与两位白话文学习者的新女性认同相比，金女大三位英语学习者的新女性认同虽也有"冲突"和"破碎"的一面，但她们的认同相对"和谐"，主流社会的性别意识形态对她们的影响不大。回顾她们的叙事语料可以发现，造成这种区别的主要原因，一方面是由于教会学校对中国社会主流意识形态的过滤（包括语言和性别两方面）；另一方面，甚或更重要的一方面，则是她们踏入社会后的工作环境。两位白话文学习者进入现实世界，被裹挟在主流社会的各类意识形态之下；而三位英语学习者却一直生活在西方权力控制的各类机构中，面对的意识形态具有延续性且相对单一。

据此可以发现，似乎不宜过度夸大个体能动性在语言学习和认同建构中的作用，透过意识形态的"隐性作用"（De Costa，2016），社会结构性力量对个体的语言使用和认同建构具有巨大的塑形作用。但我们必须指出，社会结构性力量要发生实际作用，必须透过共同体的平台。这表明了教育机构在社会变革中的中心位置：通过参与主流意识形态的形成与改变，语言教育培养了具有某种特殊认同的人，并以此形式参与社会变革。正如劳斯指出的那样，"任何权力机构的继续存在都需要培养一批有特殊人格的新生力量"（Rouse，1979：2）。

6.2 认同定位

在达尔文和诺顿的语言投资新理论模型中，定位概念被引入语言学习与认同研究之中（Darvin et al.，2015）。定位指的是学习者的自我定位以及被定位的过程，对定位产生影响的因素有三个：权力体系、意识形态和资本。他们将定位概念视作"权力强加"（power imposition）的转喻，认为权力体系本身的存在就是在定位个体或群体。一般来说，享有资本优势的个体在语言学习中也处于优势地位；在主控意识形态的影响下，性别、种族、民族以及社会阶层等因素将学习者以某种方式定位，与此同时，受个体自身的意识形态或惯习的影响，学习者也定位他人，进而认可或否认他人的权力。在此基础上，达尔文和诺顿还追加了如下研究问题：

他们（学习者）以何种方式被他人定位？通过赋权或抗拒权力，他们又如何定位他人？语言学习者如何受益于或抗拒别人对他们的定位？（Darvin et al., 2015：47）

至此，"定位"概念正式进入语言学习与认同研究领域。事实上，认同定位（identity position）本身是一个相对成熟的概念，有不少学者对其内涵和表现形式进行了深入的探讨。在达尔文和诺顿的研究之前，已有不少学者尝试利用定位概念来研究认同，如尤恩（B. Yoon）、里夫斯（J. Reeves）都借助定位理论，研究了教师的投资与认同建构之间的关系（Yoon，2008；Reeves，2009）。

哈雷（R. Harré）与莫格海德姆（F. Moghaddem）认为，"定位可以理解为对个人故事的话语建构，这些故事让个人的行为能够被理解且相对明确"（Harré et al., 1991：395），此外，社会道德和机构权力关系都会帮助我们理解个体的定位及其行为。定位是一种话语行为，在话语行为中，人们定位自我，定位他人并被他人定位。在现有的道德秩序下，有四种意图性定位（intentional positioning）与话语情景相关：（1）主动的自我定位；（2）被迫的自我定位；（3）主动定位他人；（4）被迫定位他人。主动的自我定位主要是在讲述故事时，通过谈及自我独特的观点，或是经历中的某种事件来突出个体的能动性；被迫的自我定位与主动的自我定位的区别仅仅在于定位行为的发起者上。一般而言，在两种情景下，代表机构的个体在定位他人时表现相对强势：一是当机构具有官方权力能够对机构之外的人做出道德上的判断时；二是当对机构内部的个体行为做出决定时。最后，当我们主动或被迫定位他人时，无论他人是否在场，他都有可能被定位。哈雷与范兰根霍夫（L. Van Langenhove）认为，利用定位概念，我们可以更好地理解人们的日常行为，并且发现人们定位自我或他人的能力（Harré et al., 1991）。哈雷与莫格海德姆的研究认为，认同定位是"一系列的限制个体行为的权力和义务的松散集合"（Harré et al.，2003：5），将某种认同定位分配给自我或他人的行为，就是定位行为。有不少学者发现，自我叙事利用反思性或互动性的定位来建构认同（Harré et al.，2003；Harré et al.，1991）。反思性定位指的是个体宣称某种自我的认同定位，而互动性定位是在交谈中将某种认同定位分配给他人。布霍尔兹（M. Bucholtz）与霍尔（K. Hall）将"定位性"（positionality）作为认同分析的重要维度，甚至直接通过定位来定义认同——"认同是自我和他人的社会定位"（Bucholtz et al.，2005：586）。他们将认同的范畴分为宏观和微观两个层面。宏观层面指的是年龄、性别、社会阶层等范畴，个体会根据这些范畴来定位自我或他人，这显示出社会结构的力量；微观层面指的是在具体的交谈情景中个体所扮演的角色，是一种互动性的定位。在日常交际中，两个范畴的定位同时发生，个体在定位自我和他人的过程中建构认同。此外，杜波伊斯（J. W. Du Bois）将定位与立场（stance）相关联，指出"我评价某种事物，因此我定位自我，并在立场上与你一致（或相异）"（Du Bois，2002）。里夫斯融合了哈雷等人的定位理论（positioning theory）（Harré et al.，1991，1999）以及布霍尔兹等人的定位性原则（principle of positionality）（Bucholtz et al.，2005），将定位定义为"个体暂时地、策略性地宣称（或抛弃）某些角色，以及定位他人的方式"（Reeves，2009：36）。定位的维度（无论是宣称或是被分配）决定了个体在社会中被期望或是有能力完成的行为。

当将定位概念引入对本书五个案例的解析时会发现，在自我叙事中，她们一直在定位自我和他人，并在这一过程中协商权力关系，建构认同，现一一解析如下。

在回忆录中，程俊英对童年生活的回忆让我们看到母亲对她的认同定位。当她羡慕邻家女孩新花色的布衣，央求母亲也为她做一件时，母亲厉声教训她"士志于道"。可以看出，母亲将她定位于"士"阶层的一员。这样来自他者的定位影响到她后来的自我定位。在母亲的教导下她开始学习文言，在此过程中她逐渐产生了成为一名研究文言的知识分子的想法，有了"士"的理想认同。然而，从宏观层面来看，社会性别体系一直以来都将女性排除在"士"阶层之外，社会对女性的这种定位使得程俊英自己和她母亲希望她成为"士"的理想认同都难以实现，她们在社会中的定位是"附属于男性"和"贤妻良母"，非常明显，这些定位都是没有权力支撑的。在进入女高师以后，程俊英发现这个教育机构的理念依旧非常传统，对学生们进行传统的女德教育，这与她接受高等教育的初衷相违背，使她产生了抵触的情绪。她的反抗方式是：首先对女高师部分教师和校长进行定位，即主动定位他人（Bucholtz et al., 2005）。在回忆录中，她称戴礼、陈树生和校长方还为"老朽"，对他们的权力进行否定和反抗，进而否定这些个体对自己的定位。此外，她对白话文的立场也开始改变，从质疑白话文到决定"不再做文言文"，通过支持白话文，她选择了自己在新旧思想斗争中的立场，进而确定了自己此时在女高师的定位：一个思想解放的、以白话文为斗争工具的新女性。这样的自我定位自然获得女高师新思想团体的支持，她的自我定位因此也得以成功完成。在这个过程中，她逐渐建构起了自己的新女性认同。这些是她在学习生活中，在与他人的交际中进行的"互动性"定位（Harré et al., 2003）。在回忆录中，她也在进行着自我的"反思性定位"。她对社会结构、对女性的强加定位有着非常明确的了解，试图在"主动的自我定位"和"被迫的自我定位"之间取得平衡，于是便写下了想要"教育，齐家，研究古典文学"的人生规划。在1946年反思自己的人生时她还写道："我的每一个白天都是在课堂上和抚养五个孩子的家事中度过，每一个夜晚都是在埋头批改学生的作业中溜走。"她将自己定位为一个教育者、一位母亲和一个古典文学研究者。可以发现，这种多元化的认同是"主动的自我定位"与"被迫的自我定位"的结合，因而可以认为，程俊英的认同建构主要是在"主动自我定位"和"被迫自我定位"之间取得平衡。

不同于程俊英，黄英的自我叙事更多的是他人对她的定位以及她的"被迫的自我定位"。她对童年的描述充满了对"被迫的自我定位"的无奈和抗争。由于出生日与外祖母去世是同一天，在传统道德体系的作用下，她被定位为"不祥的人"，导致她在家中的地位"连婢女都不如"。在压抑的家庭环境下，她对读书并不能产生兴趣，因而不为母亲和长辈所爱，再次被迫将自己定位为"没出息、愚笨的"："为什么人人都会做的，我偏不会；人人都爱的，我偏不爱呢？"之后，黄英为了考取国立小学而努力学习白话文，开始逐渐被家里人接受，并被认为"这孩子竟有出息！"。中学毕业后，黄英辗转三所学校担任教员，然而，由于文言知识不足而被其他教员和学生们捉弄和嘲笑，她再次被迫将自己定位为"不合格的教员"，发出了"我深切了解到我的学问不够，我只能再读书，不能再教书了"的声音。由以上分析可见，在入读女高师之前，黄英的认同并不是个体主动建构的结果，更多的是被社会道德体系和他人分配的从属性或消极性定位。在进入女高师之后，她对白话文的热爱开始得到机构的支持和认可，开始利用白话文公开发表自己的言论，并在一流刊物发表白话文章。通过这种行为，黄英开始主动定位自我。她在自传中写道："我气焰日盛，再也不肯受她们的愚弄。……因为成绩列于最优等，所以立刻升为正班生。"在这种认同定位之下，黄英开始萌发书写白话小说的念头，并期望能够得到权威人士的肯定和指点。当她的作品不被认可时，她通过"主动定位他人"来否定所谓的权威人士的权力，她认为自己的老师只知道旧东西，连主观客观都分不清，不懂文学。如此，她抗拒了他者对自己的定位，努力通过写作和发表来获取在新文学团体中的成员身份，逐渐建构起新文学创作名家的认同。但是与此同时，持旧式思想的人们在传统道德体系和性别观念的支持下，质疑并批判她的自我定位，导致她发出"十年读书，得来的只是烦恼与悲愁，究竟是知识误我，我误知识？"的感叹，这样的反思性话语让我们看到，她已经丧失了对自我的清晰定位。这反映出新女性认同中破碎与冲突性的一面。黄英的案例体现出"定位"在个体认同建构中的重要作用，帮助我们发现，当主动的自我定位与被迫的自我定位相冲突时，个体很难通过语言学习建构起清晰的自我认同。

以上是对两位白话文学习者的分析，现从认同定位的角度，展开对三位英语学习者的分析。阅读徐亦蓁的回忆录会发现，在家庭财富资本和社会地位的支持下，她从小就将自我定位为"享有优势的英语学习者"，并且萌发了想要留学美国的念头。然而，14岁时的家庭变故导致她不再享有资本和地位上的优势，她也丧失了原有的认同定位，不仅无法留学美国，甚至无法继续接受教育，这对她的心理状态产生了重大的影响，让她在定位自我上产生困惑。直到她获得去金女大读书的机会时，她对自己的认同定位仍然没有清晰起来。一方面，由于未获得家庭和资金方面的支持，她无法和其他就读金女大的女性一样具有优越感；另一方面，金女大是刚刚成立的教会女校，各方面都处于起步阶段，在为学生的发展提供机构保障的能力上尚不明确。然而，一旦入读金女大，徐亦蓁就被他者定位，并在日常的英语学习中慢慢接受了这种来自他者的定位。这里的"他者"指的是金女大以及它的创办者。她们把金女大定位为开办于中国的美国大学，把来金女大接受教育的女性定位为"少数接受英语高等教育的中国女性""未来的领导者"。在金女大教育理念和机构力量的支撑下，这种来自他者的定位逐渐对徐亦蓁产生作用。她珍惜在金女大学习的机会，特别努力地学习英语，想要在毕业时有所成就，参与中国社会的重建。然而，她对毕业后生活的描述让我们发现，她的这种认同规划并没有立刻实现，主要原因是社会主流道德和性别权力体系等结构性力量对她的定位与她的自我定位产生冲突。在毕业时，她和吴贻芳一起获得去美国留学的机会，她也希望和吴贻芳一样，读完博士课程。然而母亲希望她尽快成婚，未来的丈夫则坚持她不可以接受外部机构给予的经济资助，认为"养她是自己的责任"。于是，她从哥伦比亚大学取得教育硕士学位后就回国成婚，成为"丈夫身后的影子"。这样的话语体现出社会结构在定位个体中的巨大力量。

哈雷与范兰根霍夫在论及主动的自我定位时指出，叙事者对某个事件的讲述，凸显了个体能动性在自我定位中的作用（Harré et al.，1991）。徐亦蓁在回忆录中花了很长的篇幅来描述自己作为金女大校董的一次公众演讲，因为这次演讲之后，她的认同发生了重大转变，由"丈夫身后的影子"变为一位"公众人"。在这次公众演讲中，她策略性地应用了不同的语言来定位自我。通过使用英语向前任校长道别，她展示了自己"金女大校董""少数接受英语高等教育的中国女性"的认同定位；通过使用标准的国语向现任校长讲话，她将自我定位为"爱国人士""中国新女性的杰出代表"。在这一特定的场景下，她的认同定位获得丈夫以及男性精英阶层的认可，自此完成他人定位和自我定位的和谐统一，建构起了和谐的女性认同（Beijaard et al.，2004）。

鲁桂珍和徐亦蓁对童年语言学习的回忆，体现的主要是社会意识形态引导下的自我认同定位。鲁桂珍受中西关系主流意识形态的影响，将学习英语的女孩称为"卖国贼，大傻瓜"；而张肖松受父母的影响，认为自己是学会"读信记账"就可以的普通女孩子，因此她对英语充满神秘感和敬畏感，称之为"那么洋的东西"。当进入教会女校系统学习英语后，她们逐渐远离对其认同定位产生影响的意识形态，开始接触新的意识形态，这些理念重新定义了英语之于个体和国家发展的意义，大大提升了女性的社会地位和活动空间。在这些意识形态的影响下，她们之前的自我定位逐渐被抛弃，产生了想要在各自的领域一展抱负的想法。与徐亦蓁相比，鲁桂珍和张肖松的叙事语料不够详尽，导致在分析时较难发现她们是如何在不同的权力间协商建构自我认同的。在鲁桂珍的反思性自述中，她较少对某种语言或机构进行评价，也没有详细描述某个事件，主要是思考英语能力与个体发展之间的关系，表达出想要通过英语来提升自我，在自己的研究领域有所建树的理想。这可以看作是她个体能动性的发挥。她一直接受金女大对其学生的定位——"少数接受英语高等教育的中国女性"，她珍惜学习机会，努力发展自我，较少表现出对这一认同定位的抗拒。与鲁桂珍不同，张肖松在自我叙事中一再描述自己听故事和讲故事的情景，这表现出她利用自己的英语能力，通过讲故事在学生群体中定位自我的能动性。进入金女大后，她先是因为自己来自相对偏远的地区而自惭形秽，因自己的发音与别人不同而将自己定位为"语音不标准"的学生。随着后来发现自己的发音是标准美音，且自己成了一等奖学金获得者，她的自信心得以大幅提升，"优等生"的认同定位也得以合法化。这种定位伴随着她在金女大四年的学习，让她在毕业之际有了"一展抱负"的雄心，开始去努力建构自己"妇女领袖"的认同。可以发现，在进入教会女校以后，鲁桂珍和张肖松的定位和认同建构都是在金女大意识形态的引导下形成的，英语的文化资本保证了她们认同定位的合法化。无论是在学校还是毕业后，她们都生活和工作在英语被广泛接受的组织内部，其语言资本的价值一直被认可，因而她们的认同定位的合法化也就未受到大的质疑。

6.3　话语权

诺顿指出，长期以来，语言学习研究者把学习者与目标语使用者之间关系的建立视为理所应当，认为只要学习者具备最基本的交际能力，目标语使用者就会配合学习者的交际要求，而一旦开始交际，学习者就有机会发展自己的语言能力。然而事实并非如此，社会上不平等的权力关系限制了学习者讲话的机会，而课堂语言教学的任务之一，就是要为学习者创造使用目标语的机会，并赋予学习者使用目标语讲话的权力（Norton，2000）。通过这样的阐述，诺顿成功地将语言学习研究的重心由"交际能力"转移到"话语权赋予"上。威登也指出，在女性地位的提升上，话语权的获得是女性应该被赋予的最基本的权利之一（Weedon，1997）。那么，语言学习与话语权的获得之间存在着怎样的关系呢？本研究的案例为这个问题的回答提供了启示。

安杰丽尔－卡特（S. Angelil-Carter）考察了南非一所大学"学术英语"的习得情况，指出诺顿的"投资"概念（Norton Pierce，1995）过于宽泛，她建议将学习者投资的对象从"英语"改为"话语"，这里的话语，指的是某种写作或口头语言形式（Angelil-Carter，1997）。她认为，这样的投资概念对于考察新话语的习得更有意义。笔者认为，将"投资"概念与布迪厄的语言符号权力理论（Bourdieu，1991）及威登对"话语、权力与反抗"的论述（Weedon，1997）结合起来，能够更深入地揭示语言学习者的学习行为。对于本书的五个案例而言，安杰丽尔－卡特提出的用"话语"来替代"语言"（Angelil-Carter，1997），可以使"投资"这一概念更具应用价值。威登引用福柯（M. Foucault）关于话语与权力的理论，阐述了个体如何利用话语在权力关系中协商主体地位（Weedon，1997：104—109）。福柯认为，话语参与传递并生产权力，而权力是在特定的历史、社会、文化语境中建构起来的一套关系体（Foucault，1981）。也就是说，权力关系不是确定不变的，而是在个体、机构间的协商中被改变并重构的。话语权力的实现需要以某种强大的社会机构——如家庭、学校、医院、法庭——为依托。在这种机构中，如果话语成为权力实施的工具，或成为权力影响的结果，那它也为个体的反抗创造了可能。威登于是指出，在一个存在等级权力关系的社会中，当个体的利益与该社会的主流话语所赋予他的主体地位相一致时，其主体性就能有效实现；但如果他的利益与话语所赋予的主体地位之间存在距离，那么，个体就会对这个"主体地位"发起反抗（Weedon，1997：109）。威登还指出，并不是所有的话语都具有力量和权威地位，话语若要产生社会效应，就必须处于流通之中（Weedon，1997：107）。布迪厄认为，语言功能的实现与一种语言的合法地位相关，只有具备使用权威官方语言的能力，使用者的话语才会产生效力（Bourdieu，1991：69）。对于本研究中的五位女性来讲，她们学习语言的原因是多重的。这其中，有家庭对她们未来发展的期望，有她们对自我认同的追求，还有对男性权力的反抗。归根结底，她们要首先学会那种"权威的语言"，才能让自己的话语"处于流通之中"（Weedon，1997：107；Bourdieu，1991：69），然后才有能力对自己不满意的认同进行反抗，以实现自身的利益和理想的认同。

　　前文的分析已指出，话语权的获得与讲话者在社会中的地位直接相关，而讲话者的社会地位又与自己所使用的语言资本、经济资本、文化资本等密切相关。于是，小小的语言课堂便成为个人运用语言的符号力量反抗或利用社会权力关系的场所。此外，从话语权获得的角度来看，投资"话语"（即某种书面或口头的语言形式）比投资"语言"更具分析价值。学习者个体的语言学习既不是一个简单的知识内化过程，也不是一个孤立地获得语言知识的过程，因为语言不仅是一套可习得的交流工具，而且是文化、理念的载体与传播途径。福柯认为，知识是通过话语建构起来的，知识体现了话语与社会实践、主体性形式（forms of subjectivity）及权力关系之间的相互作用（Foucault，1981）。个人对主流话语的反抗是一个社会创造新知识的第一步，而这种新知识一旦立稳脚根，就意味着个人赢得了社会其他成员的支持，同时也就增强了自身的社会权力。在此，福柯所说的"主体性"相当于"认同"概念[1]；而所谓"知识"，也即布迪厄等所指的文化资本的一种（Bourdieu et al.，1977b）。我们认为，本书案例中的五位女性求学于高等学府，学习被男性掌控的权威语言和现代知识，就是她们对以男性为权威的"主流话语"的一种反抗。她们通过学习和使

1　Weedon（1997）也使用"主体性"概念，而不是"认同"。

用新的话语形式来习得新的知识，而这些新知识在当时改革者的眼中乃是建立一个新社会所必需的基础。

程俊英和黄英学习白话文，主要是受政治和社会因素的影响。在女高师学习期间，她们都明确地看到白话文终将取代文言文，成为官方语言和文学的权威语言。在当时，社会精英和革新力量都在积极推行白话文，白话文被附上了革新的政治意义和新时代公民的社会意义。因此，对于从小立志成为一名新女性的程俊英和想要改善生活状态的黄英来讲，白话文是"权力"的媒介，是区分新旧人物和思想的标签，想要打破旧体制强加在女性身上的束缚，她们需要借助白话文的资本力量来获取话语权，在以男性为主导的主流社会发出声音，进而建构自己新时代新女性的认同。她们获取话语权的方式，主要是通过白话文书写参与到文化革新的社会运动中，成为新时代合格公民中的一员。

受当时社会、经济等因素的影响，徐亦蓁及其家人都认定，英语是学习真正知识（西学）的工具，是实现个人利益的有效手段。如徐亦蓁的父亲嘱咐她要学习英语以及西方列强的历史，了解它们的用心，以便将来能保护国家利益。她的母亲认为叔叔出国留学是件好事，"叔叔是要去最好的学校念书，他回来的时候，就会讲他们（西方国家）的语言了，就是个有知识的人了"。徐亦蓁自己也明确表示，"英语比国语及国学要重要得多，因为（在许多机构中）讲汉语的文化人的工资总是最少的。"徐亦蓁在大学阶段努力攻克语言关，以及她后来学习国语、提升英语的努力，都是为了实现并维护个人、家庭和民族的利益。她了解英语这一话语形式的力量，懂得要想获得话语权，反抗权力压迫，就必须掌握这门外国语言，因为只有英语才能够帮助她提升社会地位，实现个人、女性和民族的权益。鲁桂珍的父母坚持她必须学习英语，以及她后来对英语态度的转变，也是因为英语所能带来的西学知识及经济利益。在当时的中国，即使在国立大学，理科课程也多采用英语教材，很多术语还没有相应的汉语翻译，因此，她的老师和父母一致认定她必须接受正规的英语训练，而她自己也说"我必须学好英语，考入金女大，为将来的工作做准备"。进入金女大后，她带着热切的愿望开始学习，她对历史、数学等知识的兴趣远远大于对语言的兴趣，她的英语水平是在学习自己喜爱的科学知识的过程中逐步提高的。在罕有女性从事科学事业的年代，鲁桂珍最终通过掌握学术话语，在知识界发出了自己的声音，找到了满意的工作和进修的机会，成长为一名国际知名的女性研究者。

　　然而，同女高师的两位学习者相比，英语及西学知识虽然使本研究的三位英语学习者成功完成了新认同的建构，却未能赋予她们进入中国主流社会的权力。那是一个英语仍为极少数男性精英具备的知识的时代，金女大的传教士教师支持她们学习英语，而这些教师本身的身份就受到时人的质疑，于是，我们案例中的三位学习者也就陷入了认同冲突的境况：教师引导下的认同建构使她们专注于英语学习，希望能够发展自我，获得社会的认可；而英语的学习却导致主流社会用怀疑的眼光看待她们的民族认同。她们的女性身份与中国社会对女性的期盼格格不入，她们的认同发展也遭遇到巨大的挑战。在回忆录中，徐亦蓁谈到自己希望通过英语学习来发展自我，甚至能够参与重建中国社会。

　　　　在我那个时候，即1915年，不管是男孩还是女孩，只要有些抱负的，都希望首先进教会学校，然而再赴美深造……我们都有一个目标，那就是回国重建我们的社会。

　　然而，这样的目标并不容易实现。除却女性身份带来的限制，金女大以英语为正式语言的教会学校性质，以及由此导致的国语训练不足，不但使得她的民族身份受到质疑，而且使她难以在国内获得话语权：她所取得的成就，她所获得的权威身份，都是在金女大共同体内部和英语国家完成的，在自己的国土上，人们对她反而陌生。金女大的三位学习者学习英语和西学知识，也是对由男权主导的主流社会的一种反抗，然而，她们的知识偏离了当时中国主流社会所热衷的"中学为体，西学为用"的新知识。她们的知识是"纯粹的西学"，她们的知识建构和产出都是以英语为媒介进行的，这样的知识无法直接服务于中国社会重建，于是，她们的话语也就处于边缘状态，无法进入主流话语。从女性认同的角度来讲，她们的确突破并重构了自我认同，加入了新女性的行列，但语言隔阂却切断了她们与同胞之间的纽带。正如布迪厄指出的那样，结构主义的语言描写体系只是对一种存在的描述，忽视了个人的实践、技能等任何与语言的实用性相关的方面，也忽视了学习者作为社会实体的身份。从话语权获得的角度来看，语言描写体系需要得到修正，即：

> 要用"可接受性"（acceptability）来取代"合乎语法"（grammaticalness），或者换一种说法，用"合法的语言"（legitimate language）来取代"语言"（the language/ langue）。用"符号权力"（symbolic power）来代替"交际关系"（relations of communication），把"话语的意义"（the meaning of speech）改写为"话语的价值与权力"（the value and power of speech）。最后，所谓的"语言能力"（linguistic competence）也应该由"符号资本"（symbolic capital）来代替，符号资本与讲话者在社会结构中的位置是不可分割的。（Bourdieu，1977：46）

以上分析再次凸显了诺顿认同概念的话语性一面。在《认同与语言学习》（2013 年版）的前言中她指出，认同是在话语中建构的，发生在特定的社会和历史语境之下（Norton，2013）。这意味着，随着话语语境的改变，个体的认同会一再被挑战和重新定义。因而，对于一个具有改变现实愿望的语言学习者而言，话语权的获得是实现他学习某种语言的目标的重要前提。只有借助那种语言，他才能获取在共同体（实践或理想）中的发言权，才有可能反抗限制其认同建构的权力体系，进而利用该语言的文化和符号资本去协商建构自己理想的认同。据此，对处于社会权力体系边缘的语言学习者而言，语言教育就具有了话语权赋予的意义。文献显示，目前出现的语言教学研究的"重新定义"（Lafford，2007）和"社会化转向"（Block，2003，2007），都带有明显的批判性教育（critical education）的烙印。正如诺顿指出的那样，首次将权力概念引入语言教育领域的正是从事批判性二语教育（critical second language education）研究的学者们（Norton，2000：7）。这些学者认为，语言教学并不只是一项中性的实践，而是一个高度政治化的社会行为。受此影响，诺顿在著作的结尾部分提出，交际性语言教学的基本原则需要有所超越，语言教师不应只考查学生的交际能力，更要为学习者创造使用目标语的机会，并赋予他们在课堂外使用目标语讲话的权力。随着语言学习与认同研究、性别与语言学习研究的发展，学者们在研究目标上已基本达成共识，那就是，要创建一套更加适合学生需求的教学内容和方式，以激发学生的学习动机，鼓励学生积极改变，并在此基础上创建更加人性化、多样化的语言教育理论，推动教育革新，促进社会公平（Goldstein，1996；Davis et al.，2004；Norton et al.，2004a；Norton et al.，2004b）。

6.4　本章小结

在第四、五章案例分析的基础上，本章从"语言意识形态与认同建构""权力体系与认同定位"和"语言学习与话语权的获得"三方面进行了理论上的再思考。虽然本章的解析依旧是在后结构主义的理论框架下进行，然而分析的结果却与诺顿的初衷（Norton，2000，2013）有所出入。通过将认同定义为"多元的，冲突的"（Norton，1995：15），并凸显个体在语言学习投资中的能动性，后结构主义意欲为个体开启"可能性"。然而，本章从课堂外因素对五个案例进行的解析表明，五位学习者的认同除了具有克拉申（C. Kramsch）所说的"多元、冲突"的特征外，还具有"可预测性"（Kramsch，2013：199）。也就是说，笔者通过解读主流意识形态、学校教育理念和权力体系发现，五位学习者的认同建构都处于这些"结构性权力"的控制之下，在对这些结构性权力的反抗上，个体主观能动性的效果并不显著。当然，也不能否认个体主观能动性的作用，如黄英的坚持书写白话文小说，以及徐亦蓁策略性的国语学习。这样的语言学习轨迹验证了诺顿关于认同是个体主观能动性与结构性力量相互协商、建构的结果这一观点（Norton，2000）。但通过本章的分析，笔者想要指出的是，对于民国时期的社会而言，结构性力量对个体的语言学习和认同建构的塑形力量非常明显。我们的分析表明，课堂与课外语言学习之间的关系有两种形式：相互促进或冲突对抗。当学校的教育理念与主流意识形态一致时，课堂与课外的语言学习之间相互促进，教育机构此时充当着复制权力、文化和理念的场所。而当学校的教育理念与主流意识形态相悖时，课堂成为个体通过语言学习来获取对抗主流权力体系的场所，通过获取语言资本，个体获取了主流话语的发言权，进而使其反抗性的话语也处于流通之中。在这个过程中，教育机构参与了权力、文化和理念的生产。由此可见，教育机构之于社会变革和个体发展起着非常重要的作用。

　　事实上，语言学习，不管是在正规课堂上，还是在自然语境中，都离不开教育机构背后的支撑。教育机构所构成的实践共同体是学习者学习语言和建构认同的重要发生地。作为一种社会实体，教育机构自其产生之日起就带有政治性。正如劳斯指出的那样，语言教育的推行是各权力方之间利益斗争的一种手段（Rouse，1979）。布迪厄认为，官方语言的推行是政治策略必要的构成部分，其目的是通过生产和复制"新式公民"来维持革命取得的成果（Bourdieu，1991：47—48）。孔狄亚克（Etienne Bonnot de Condillac，1715—1780）将语言视为思想革命手段的认识，以及乔治·达夫（Georges Dave（1883—1976，法国社会学家）关于"讲话的教师"（teacher of speaking）同时也是"思想的教师"

(teacher of thinking) 的观点，促使布迪厄将革命的语言同革命的思想联系起来。在现实生活中，并不存在所谓统一的实践共同体，每个共同体的内部都存在着冲突与矛盾，但正是由于教育机构为教授"革命的语言"提供了场所，处于权力关系底层的语言学习者个体才获得接触"革命的思想"的机会，才有了发展自我、建构新认同的可能。布朗（R. L. Brown）在诠释洪堡特的语言哲学思想时发出这样的感慨：

> 有了一个词，我们就松了一口气，本能地觉得一个概念归我们使用了。假如"自由""理想"这些词不在我们心中作响，我们会像现在这样准备为自由而死，为理想而奋斗吗？（Brown，1967：13）

笔者认为，在民国初期，正是由于有一批社会精英和传教士将语言作为改革的手段，才使得五位学习者有了突破性别束缚的机会。在当时新与旧、中与西、男权主导与女性解放的冲突中，教育机构希望通过规定"官方语言"来培养某种具有特殊品质的人，以参与社会改造，而这种有特殊品质的人，便是具有新思想、新理念的女性。在女高师，守旧派希望通过传统语言教育来培养贤妻良母，维持以男性为权威的社会秩序；革新派则希望通过推广白话文和新文学来引发社会变革，他们将"旧文学"与"女性压迫"联系起来，认为抛弃文言文、抨击旧文学是促进女性解放的手段之一，而女性解放是社会进步的标志。但人们不应忽视这样一点：革新派同时又坚持认为，社会的改革和进步必须以稳定为基础。这些提倡改革的精英本身均为男性，也就是说，他们所提倡的妇女解放是有条件的解放。这样的思想反映到语言教育理念上，就是女高师的"培养白话文女教师，进而培养新式公民"这样一种保守的革新。它既为女性的语言学习提供了新的选择机会，又造成了某种隐藏的挑战。在后结构主义视角下，主体是在话语实践中社会性地建构起来的，个体认同的建构受到社会主流话语的制约，但个体同时也是一个有思想、有感受的人，正是由于不同主体和实践之间的冲突，个体才有了发展新认同的理想。程俊英和黄英的认同发展具有典型的时代性特征，她们都以反对旧文学、传播新文学新理念为学习目标，而在她们对自己人生的规划中，教书和家庭都是重要的组成部分。相较于程俊英的兼修文言和白话，以及毕业后"在讲台和抚养五个孩子的家事中"度过的时光，黄英的女性认同发展遇到更大的挑战。她对白话所抱的学习热情，对文言的彻底否定，以及在校期间通过小说创作直抒胸臆的行为，都为她引来质疑的声音。而进入社会后的"为自己的生命而创作"的话语行为，是对自我的一种大胆的宣扬，是一种建构自我认同的行为。这样的行为似乎超出了男性改革者的设计，于是便为她招致了更多的压力与挑战。从表面上看，这些挑战是针对她的爱情观和婚姻观，而实际上是社会对女性认同的一种束缚，是主流话语对个体认同发展的一种约束。黄英的一生是充满抗争与悲剧的一生，但她通过个人的话语，将她更加革命、激进的思想传播到了社会上，这一结果超出了改革者推行白话文的原有设想，却似乎又是必然的结果。在当时的中国社会，金女大期望通过英语教育来培养"妇女领袖"的目标，可谓是对中国主流社会性别观的一次大胆、彻底的挑战。英语学习为徐亦蓁、鲁桂珍和张肖松打开了一个更加广阔的世界，在这个世界里，对男性的依附被彻底否定，责任感和自我发展是女性认同的要义。在三位学习者艰难的英语学习中，这种责任感和自我发展的愿望构成了她们学习动机的主要部分。虽然三位学习者都没有使用"妇女领袖"来称呼自己，但她们都在叙事文本中透过话语委婉地建构了自己"妇女领袖"的形象。徐亦蓁在回忆录中对自己作为金女大校董发表演讲，让丈夫意识到自己的社会地位的叙述，对她在联合国妇女地位委员会的言语行为的回想，对中国女性生存状态的关切，以及对民族荣耀的责任心，都以一种婉转的方式塑造了她作为"妇女领袖"的形象。而鲁桂珍和张肖松似乎更注重个人发展。鲁桂珍对自己于 1939 年赴美参加国际科学会议的叙述，以及张肖松在赴密歇根大学留学时代表中国到夏威夷参加太平洋妇女大会的行动，也表达了她们对祖国和民族的责任心。鲁桂珍表明自己在上海雷士德医学研究院拥有令她满意的职位，在剑桥也有着上好的研究条件。由于战乱及签证方面的原因，一旦赴美参会，她就有可能无法返回英国，也无法返回上海。但她最终决定冒险前行，因为"在这样的时刻，中国没有代表参会，是一件非常遗憾的事"[1]。她以这样的话语，将自己在科学界的"妇女领袖"身份隐藏在责任心背后。三位学习者对自己"妇女领袖"形象的间接塑造，自然有国人书写文化不凸显主体的传统思想的约束，但这样的话语，毕竟也是她们对自我在中国社会中地位的一种表达。遗憾的是，由于地域阻隔及语言隔阂，三位英语学习者的话语未能在中国主流社会流通，金女大期望通过英语教育来改革中国女性生存状态，进而改变中国社会的努力，不为时人所接受。须知，金女大社群的"革命的语言"是一种外语，它所附带的民族认同信息，使它所具的"革命的思想"偏离了主流社会对女性认同的期待。因此，三位女性英语学习者所经历的质疑和挑战，以及国人对她们为民族所做出的贡献的忽视，都是可以想见的。

正如本章的题记部分所显示的那样，在日常的语言学习和语言生活中，人们所使用的语言以及语言市场的交换规则已由当权者决定，人们被"给予"了有限的选择权，人们所属的共同体也不是自然存在的，而是为了满足当权者的利益而通过社会手段和政治手段建构起来的。在这种视角之下，语言、文化和认同都不再是理所应当的"拥有"，而是一种社会性、话语性地建构起来的"资源"，这些资源可以被剥夺、被调度，其分布影响了社会主流价值观的流通及合法化，对人们的生活以及人们理解身处的世界至关重要（Heller，2011；Bourdieu，1991）。那么，我们不禁要

1　"Correspondence, Lu Gwei-djen", 1934—1947. UB-CHEA, Box 139, Folder 2777. Divinity Library Special Collections, Yale University.

问，是什么规定、调度了这些资源？当前的研究普遍认为，语言政策是语言、文化和认同等资源最为重要的调度手段，而语言教育政策则直接规定了教育机构内部的语言学习和使用。在建构主义思潮影响下，认同变化被认为对于社会变迁具有基础性意义，与社会整合也有高度的伴生性，因而，"认同"研究开始进入诸多社会科学研究的核心领域，这其中也包括语言政策研究。1919年，蔡元培提出要通过推行国语来达到"求对内的统一，对外的防御"的目的。作为中国教育的改革者，他已经具有"认同"意识。民国时期开始的国语运动以及新中国的语文运动，正是对这种认同意识的积极实施。然而，相较于西方学界扎实的研究和承继性发展，我国相关研究尚处于萌生阶段，我国当前语言教育政策的实施和变革尚缺乏扎实的理据支撑。迟至2010年，我国才有学者将语言与国家民族认同的建构归于应用语言学的前沿课题（周庆生，2010；李宇明，2014）。在此，本书将语言教育政策概念引入对民国女性的语言学习与认同考察中，尝试发现语言教育政策与语言学习者的认同建构之间的关联，以提升本书的研究意义，增强本研究的社会现实意义，即以史为鉴，为我国新时期的语言教育政策改革提供参照。这是本书第七章的写作目的。

第七章 民国的语言教育政策及其
对新女性认同建构的影响

> 我们应该培养什么样的人？在一个特定的社群中，各个利
> 益方都在关注将要发生的事情，都在关注语言培训是如何组织
> 和评估的，因为他们明白，任何权力机构的继续存在都需要培
> 养一批有特殊人格的新生力量。
>
> ——Rouse, J. 1979: 2

民国时期是我国语言文化大发展、大变化的时期，也是中与西、传统与现代激烈碰撞的时期，语言教育在传播思想、融合文化上的作用尤其值得关注，因为"新的语言形式和新的思想内容是互相伴随而来的"（黎锦熙，1956：1）。如此，一所教育机构所采用的教学语言、教育理念、教材、课程设置、授课方式等，都会对学生的认同建构产生重大影响。为此，在梳理民国初期女性语言教育的背景时，本书概述了民国初期的语言教育格局，教育领域的语言意识形态，以及两个教育机构的教育理念、课程设置和教学模式。在斯波斯基（B. Spolsky）、弗格森（G. Ferguson）等学者（尤其是斯波斯基）看来，以上提及的这些都可以被视作当时语言教育政策的内容（Spolsky，2004；Ferguson，2006）。斯波斯基的语言政策模型包括语言实践（language practice）、语言意识形态（language ideology）和语言管理（language management）三个方面。其中，语言实践指在不同语言和语言变体中，选择使用某种语言的习惯性模式；语言意识形态指对某种语言和语言使用的信念；而语言管理则

是指任何意在调整或影响语言实践的具体措施（Spolsky，2004）。

上一章指出，语言政策是调度语言、文化和认同等资源的重要工具，语言教育政策则是语言政策研究的一个聚焦点。斯卡特纳布－坎加斯（T. Skutnabb-Kangas）与麦卡蒂（T. L. McCarty）认为，语言政策是一种社会文化过程，包含官方颁布的法案和文件，以及关于语言形式和运用是否合法的日常语言规范（Skutnabb-Kangas et al.，2008）。一般而言，语言政策影响某一政体内语言或其变体的地位、权力、作用、功能和使用，以及社会组织和制度。在大多数情况下，制定语言教育政策的官方组织是教育部和学校，它们所颁布的关于语言教育的法案和文件都是显性的语言教育政策，而私人机构、民间力量和家庭等，也可以自行制定与语言学习和使用有关的政策，这些可以被视作隐性的语言教育政策（Tollefson，2011）。

本章的目的是探讨民国语境下，语言教育政策与学习者认同建构之间的关系。在具体的分析中，将首先探讨当前学界关于语言教育政策与认同之间关系的有关辩论，为本章的分析搭建理论基础；再解析两所高校具体的语言教育政策及其实施情况；最后分析民国语言教育政策对五位学习者的认同建构产生的影响，以此总结语言教育政策在培养具有"特殊人格的新生力量"（Rouse，1979：2）中的作用。

7.1　语言教育政策与认同关系理论

兴起于 19 世纪欧洲的关于国家、民族、语言、教育和认同之间关联的理论假设，是语言政策视域下认同研究的理论基础。其核心可以概括为：国家认同的基础是共同的文化，而共同文化的核心就是语言。事实上，早在古希腊时期，学者们就已经在思考语言与认同之间的关系了。

7.1.1　古典理论

伊壁鸠鲁（Epicurus，前341—前270年）认为，不同民族、不同的身体构造，导致人们发音习惯的不同。此外，他们生活环境的不同也对其语言产生了深刻的影响。这是关于语言与民族认同关系较早的朴素看法。类似这种朴素的认识，到了文艺复兴时期，演化为人们对语言的语用意义的归纳，即：无论语言内部的形式如何变化，共同的语言将同一民族的人们维系在一起。到了19世纪，最具影响力的是洪堡特的语言世界观思想。德国语言学家、教育家及哲学家洪堡特曾试图通过考察巴斯特人的语言来弄清这个民族的来源。他认为语言在民族国家中起着核心的作用，语言是一种世界观，"人只在语言中思维、感觉和生活"，而教育就是要通过语言来维持和提升民族和国家的地位（姚小平，1995：134）。俄罗斯教育心理学的奠基人乌申斯基强调语言教育对于民族延续的重要性，他在《祖国语言》一文中写道："语言是最有生命力、最丰富和牢固的联系，它把过去、现在和将来的各代民族联结成一个伟大的、历史性的、有生命力的载体。"[1]

可以发现，古典时期学者们的思考多为结构主义论的"先验的认同观"，主要体现在两个方面：一是从单一维度孤立地定义认同，如仅从种族角度来定义一群人，忽视语言、文化等其他维度；二是对社会群体进行过度概括，不仅导致对这一群体的规定性描述，还会限制其成员对自我的理解。

7.1.2　当代理论

20世纪末、21世纪初，在建构主义思潮影响下，认同变化被认为对于社会变迁具有基础性意义，与社会整合也有高度的伴生性，"认同"研究开始进入诸多社会科学研究的核心领域，成为西方社会科学中一个不可缺少的研究术语。在内部，认同被广泛

---

[1]　乌申斯基，《苏联教育史》，转引自顾明远，2016：7。

地用于西方民主政治、本土权利运动，以及民族国家工程等方面；在外部，它也成为国家对外政策研究中日益重要的概念。在当代民族主义者和浪漫主义者的概念中，一种独立的语言是建构独立的民族认同重要的甚至决定性的因素。然而，随着全球化的进展，多元文化和多元认同问题逐渐突出，又有学者开始持其他意见，不再特别突出强调语言在民族、国家认同中的重要作用。这一时期对语言政策与认同研究产生较大影响的理论成果包括：

（1）法国社会哲学家布迪厄反对把地域和民族认同看作先验存在的实体，强调语言在认同建构中的作用，认为认同是在不同力量（包括不同语言间）的斗争中历史地建构起来的。这个建构的过程，既有个体能动性的发挥，又有社会结构的限制性力量，而教育机构的功能就是复制文化和社会结构（Bourdieu，1991）。

（2）英国语言政策研究者阿格（D. E. Ager）通过对法国、英国、阿尔及利亚、西班牙、印度等国语言政策的分析，将认同列为语言政策制定的七大驱动力之首，认为认同是语言政策行为的动因，任何一种认同对民众的吸引力，都需要政策手段的保障（Ager，2001）。弗格森认为，语言教育政策承载着语言政策实施的所有重荷，教学大纲给国家提供了塑造下一代语言态度和语言行为的重大机会（Ferguson，2006）。

（3）美国语言政策著名研究者托尔夫森（J. W. Tollefson）认为，民族国家的崛起及其认同相关信念的盛行，对语言教育政策有着直接和即时的影响（Tollefson，2013）。然而，他并未深入阐释二者间的理论关联，只是提出了研究问题：新产生的认同观念是如何与语言教育政策发生关联的？

笔者认为，探究语言教育政策对学习者认同产生的影响，实际上是对政策实施社会心理效果的考察，而语言教育政策与认同的相关性是开展这一研究的科学依据。综合起来看，当前学界对二者的关系大抵有三种观点：

第一种观点认为二者直接相关。一方面，认同是语言规划和政策行为的动因，对语言教育政策有着直接和即时的影响（Ager，2001；Tollefson，2013）；另一方面，认同对民众的吸引力需要政策手段的保障（Ager，2001；Ferguson，2006）。这种观点明确了认同与语言教育政策之间的关系，但阐述过于笼统、抽象，缺乏具体的操作和可行方案，且研究所依托的案例和语料均为欧洲语境。

第二种观点假设二者之间存在相关性，将认同作为政策评估的角度之一展开考察。这是较为普遍的做法，如施密特（R. Schmidt）、斯波斯基、威利（T. G. Wiley）和加西亚（O. Garcia）对美国的外语教育政策，西尔弗（R. E. Silver）对新加坡的英语教育政策，库博塔（R. Kubota）、利迪科特（A. J. Liddicoat）对日本的英语教育政策的考察（Schmidt，2000；Spolsky，2011；Wiley et al.，2016；Silver，2005；Kubota，2002；Liddicoat，2013），以及我国学界当前一系列的关于英语教育降低国民文化认同的讨论（丛从，2000；宋伊雯等，2009；赵蓉晖，2014；高一虹，2015；等等）。此类以理论假设为基础的研究，虽有助于全面评估政策实施的效果，但对造成政策效果的原因缺乏解释力。

第三种观点认为二者的关系是高度复杂和不稳定的（Rampton，1995），通过语言教育政策来调控语言和认同，虽无法获得立竿见影的效果，但仍可取得成效（Heller，2011）。这种观点相对边缘化，并未获得学界的普遍关注。

必须指出的是，无论是语言教育政策还是认同研究，都无法脱离国家的体制传统以及社会的心理文化性格（李宇明，2016），语言政策更是深深植根于特殊的历史和社会政治现实之中（Blommaert，1996）。虽然全球化和大规模的移民都增强了人们对多语和多元文化的认识，但基于语言政策的国家、民族或语言认同建设，因其重要性而从未被各国停止过。当前，我国语言教育政策与认同的关联模式尚不清晰。由于语言教育政策涉及心理和社会诸多方面，有深刻的历史动因和文化渊源，如不对此做细致的历史分析，就无法为未来语言教育政策的制定和推行提供充足的理据（Tollefson，2011；戴

曼纯，2014）。这也是本章的写作想要达成的一项目标：总结出民国
语境下，我国语言教育政策与认同之间的可能关联模式。

7.1.3　语言政策模型与语言投资模型的融合

本书在第二章对达尔文和诺顿的投资新模型（Darvinet al.，
2015）进行了详细介绍。这一理论模型包含四个因素：投资、认
同、资本和意识形态。其中，投资处于认同、资本和意识形态的
交叉点。资本的类型包括：经济资本、社会资本、文化资本和符
号资本。经济资本即人们通常熟悉的可直接兑换成货币的资本类
型；社会资本指人际关系网络以及由此发展出来的社会制度形式，
如家庭、阶级、部落等；文化资本指借助教育传递的文化物品；
符号资本是对上述三种基本资本形式的认可，是制度化、合法化
了的权威（芮晓松等，2008：92）。意识形态是"占主导地位的思
维方式，它组织并稳定社会秩序，同时确定融入和排他的模式，
并将某些观点、个体和关系置于优先或边缘地位"（Darvin et al.，
2015：44），它引导个体的语言投资行为，进而对认同建构产生影
响。投资行为、资本和意识形态都对个体或群体的认同建构产生
影响，其中，意识形态的影响多是"隐性""间接"的，而投资和
资本对认同建构的影响则相对"显性"和"直接"。

斯波斯基的语言政策模型包括语言实践、语言意识形态和语言
管理三个方面。其中，语言实践指在不同语言和语言变体中，选择
使用某种语言的习惯性模式（Spolsky，2004）。具体到本书的研究
中，程俊英坚持学习文言、书写古诗，黄英厌恶文言，大胆、积极
地进行白话文写作，以及徐亦蓁及其家庭崇尚西学、热衷学习英语，
都是她们的语言实践。语言意识形态指对某种语言和语言使用的信
念，如程俊英和黄英认为白话是"终将胜利的语言"，徐亦蓁、鲁桂
珍和张肖松则认为学习英语是"发展自我必需"，英语"是通向世界
的语言"。最后，语言管理是指任何意在调整或影响语言实践的具体
措施。语言管理有不同的层面，如国家层面、学校层面和个人层面。

在国家层面，1920 年 1 月，北洋政府教育部通令各地学校将"国文"改为"国语"的做法，就是对官方教学语言的管理；在学校层面，金女大要求学生必须通过英语水平考试，也是一种语言管理行为；在个人层面，程俊英及同学在听完蔡元培的演讲后做出的决定"我们别再作文言文了"，也是对自我语言学习和使用的管理。

可以发现，这两套模型存在对应关系。个体或机构的语言管理行为，如策略性地选择使用某种语言，或专注于某种语言的学习，可以被视为一种语言投资行为，其目的是为了获得某种特定形式的资本，如文化或符号资本，进而提升自我的社会地位，建构理想的认同。而语言意识形态，如重视某种语言对于提升社会地位、融入某一群体的功能，是达尔文和诺顿模型中意识形态的具体化（Darvin et al., 2015）。最后，语言实践可以被认为是一种建构认同的行为，"任何语言行为都是认同行为"（高一虹等，2013a：279），这是因为，"个体为自己创造语言行为模式，使自己与想要认同的群体相仿，与自己想要疏远的群体有区别"（Le Page et al., 1985：181）。此外，塔杰菲尔（H. Tajfel）的社会认同理论认为，国家认同以及其他各种身份认同皆是个体自我意识的一部分，"源自个体对其作为某个（或多个）社会群体成员的认识，以及个体对这一成员身份所附带的价值和情感的认可程度"（Tajfel，1978：63）。据此，可以认为，个体的认同聚合在一起，能够反映国家、文化、民族等集体认同的状态。因而，笔者认为，即使在第三种理论观点——语言教育政策与认同的关系是"高度复杂和不稳定的"——的背景下，开展语言教育政策与认同的关联性研究，依然具有相对成熟的理论基础支撑。

7.2 两所女校的语言教育政策及其实施状况

需要特别指出的是，民国时期的语言教育政策大多是由民间力量推动政府去制定的，属于民推官的过程，其之形成是社会多层面（包括民众、知识分子和政府）共同参与的结果。而由于这一时期我国社会半封建半殖民地的特性，传教士也成为民国语言教育政策制定和实施的重要力量，他们主要在教会学校层面推动了英语教育政策的制定与实施。此外，通过推广白话《圣经》，他们也间接地影响了国语教育政策的制定与实施。

7.2.1　国语教育政策

按照斯波斯基的语言政策模型（Spolsky，2004），并结合第三章对民国国语教育格局和两所女校语言教育情况的梳理，现将女高师和金女大的国语教育政策概括如表 7.1 和表 7.2 所示。一般而言，学校的语言教育政策除了反映官方语言政策外，还服务于该校的教育目标——培养什么样的人。因此，为了更加全面地反映两所女校的语言教育政策，我们在斯波斯基语言政策三要素之外，再加上其官方文件所阐释的教育目标。

表 7.1　女高师国语教育政策

语言意识形态	"解普通语言及文字，能以文字自达其意，以涵养趣味，有裨身心"（女高师官方文件）；"文学的国语，国语的文学"（胡适）；白话是"同行于今人喉舌"的"活语"，"白话派一定占优势"（蔡元培）
语言管理	把国文列为最重要的课程，设立国文专修科；"把白话文作为主要"（蔡元培），后改国文专修科为国文部，开设"国文法""语体文及语法""言语学"等课程
语言实践	"八不主义"（胡适）；鼓励女生使用新的文学形式来表达自我，以"个人主义"和"人道主义"为新文学的基本内核（周作人）；"标点句读，写段落大意，用今语注古语"（陈中凡）；在《北京女子高等师范文艺会刊》上发表白话应用文
教育目标	养成女子中学或师范学校中学之教员及管理员

在蔡元培、胡适等人的影响下，女高师形成了清晰的国语意识形态，确定了以白话为解读文言的工具，树立了白话作为新文学语言的权威地位。在这种意识形态的主导下，女高师完善了语言管理，围绕国文设立了门类齐全的课程，聘请了高水平的教师，且学生也在重白话意识形态的影响下开展语言实践，不仅以白话文为工具理解古文，且积极锻炼白话文写作，发表白话文章，参与新思想和新文化的传播。

与女高师相比，金女大虽然致力推行英语教育，但为了融入中国社会，也曾计划积极推行国语教育，认为能用白话来表达科学知识的能力是学生必需的，也即：该校尝试将白话作为科学语言来教授和使用。然而，教会学校的性质决定了其理念虽然相对先进，但与英语的优势地位相比，与国语相关的意识形态较难在教师和学生中间普及，学校在具体的语言管理上推行无力，学生的语言实践也是重英语轻国语。

表 7.2　金女大国语教育政策

语言意识形态	"学生应能在所有科目中拥有用好的现时代的中文表达的能力"[1]
语言管理	有国语课程设置，却无任课教师名单和课时安排
语言实践	国语教育仅停留在学校文件中，是"一种'吹毛求疵'的台面菜"；国语学习是"骗学分的勾当"
教育目标	为中国培养"妇女领袖"

可以发现，与女高师相对系统、完善的国语教育政策相比，金女大的国语教育既无自上而下的政策贯彻，也无自下而上的政策呼吁。其关于国语教育的话语似乎无法称之为政策，只是一种理想的表达，毕竟，按照斯波斯基的语言政策模型，金女大有相关语言意识形态的表达，却无具体的语言管理和语言实践行为。

1　"Matilda Thurston to Calder Family", 11 May 1919, MCT, Box 2, 2.12. Burke Library Union Theological Seminary.

7.2.2　英语教育政策

结合第三章对民国英语教育格局和两所女校语言教育情况的梳理，现将金女大和女高师的英语教育政策概括为表 7.3 和表 7.4。

表 7.3　金女大英语教育政策

语言意识形态	"英语拥有所有古典和当代语言在教育体系中所具有的价值；中国女性需要英语以同世界保持联系；英语是好的社会阶层的诉求，是学生谋求发展的必需。"[1]
语言管理	二年级下学期举行英语概括考试，及格者升入三年级，不及格者需补读一年，再考仍不及格，作自动退学处理；以文学阅读为中心设置课程；1920 年后开始专门针对词汇、语法和口语设置课程；重视口语和阅读教学，增加"句型操练""快速阅读"等练习内容
语言实践	英语不仅是教学语言，还是学生日常生活的共通语；成立"英语社"，练习英语会话、阅读、背诵、戏剧表演、台词背诵和诗朗诵；学生的翻译作品结集成册出版；出版《金陵女子大学校刊》，发表学生英文作品
教育目标	为中国培养"妇女领袖"

表 7.4　女高师英语教育政策

语言意识形态	"习英语之目的，在介绍域外文化，转输于国人"（陈中凡）
语言管理	每周必修不低于 3 小时的英语
语言实践	无关于课堂英语学习的记录；暑期花钱请老师教授英文
教育目标	养成女子中学或师范学校中学之教员及管理员

可以发现，在英语教育上，金女大契合了斯波斯基语言政策模型的三要素，较为系统、完善。金女大的英语教育政策主要是自上而下的贯彻，政策的制定者是校长德本康夫人及其助手，实

1　Matilda Thurston. "Personal Report of Mrs. Lawrence Thurston", August 1915, MCT, Box 10, 10.5. Burke Library Union Theological Seminary.

施者是传教士教师，她们在语言管理上较为严格，且倾心尽力，努力引进世界先进的教学模式，也会根据学生的具体情况及需求，将学生的语言实践形式多样化。同时，在语言意识形态的影响下，学生们也对英语学习抱有积极的热情，因此，在金女大，英语教育政策实施较为顺畅。相比之下，女高师未制定清晰的英语教育政策，虽然该校把英语视作了解域外文学和文化的工具，但在语言管理上缺乏师资和配套教材的支撑；此外，学生的语言学习回忆缺少关于课堂英语学习的内容，可认为该校未提供充分的学习课时，英语教学未对学生产生深刻影响。

7.3　民国语言教育政策影响下的新女性认同

在完成对两所女校语言教育政策的梳理后，本小节将尝试发现语言教育政策与学习者认同建构之间的关联。首先，我们在第四、五章分析的基础上，总结出女高师群体和金女大群体新女性认同的典型特征，抽象出对其认同建构产生影响的主要因素，再将这些因素的作用方式与该校语言教育政策的实施情况相对应，以此发现语言教育政策与学习者认同建构之间的关联模式。

7.3.1　国语教育政策与新女性

本书第四章分析了两位国语学习者——程俊英和黄英——的认同建构状况，4.3 节还概括了她们认同的相似之处。首先，她们偏重白话的语言意识形态都是在女高师学习期间形成的，白话文的学习在她们的新女性认同建构上都发挥了积极的作用；其次，在"投资"学习白话文这件事上，她们既受学校主流意识形态、白话文资本价值的深刻影响，也受个体主观能动性的积极影响；最后，依托于女高师共同体，二人确实都在一定程度上打破了主流性别意识形态对她们的定位，她们通过白话文的写作和发表参与社会活动和新思想的传播，但同时又都陷于"男性的帮手"这个官方未言明的认同定位中。总而言之，重白话的语言意识形态，白话文作为新文学、新精英阶层标志语言的资本价值，引导着程俊英和黄英积极投资于白话文的学习，在这种投资行为下，她们部分地实现了女性认同的转变。

在民国时期，教授白话文是男性精英参与社会变革的一种手段，在这场变革中，他们分配给女性的认同定位并非绝对的性别平等，女高师"养成女子中学或师范学校中学之教员及管理员"的教育目标就可见一端。可以认为，经由学界精英（主要为男性）的传布，女高师的语言意识形态对两位学习者意识形态的形成和转变产生了重大影响，甚至起到了塑形的作用。程俊英写道，在听完蔡元培的演讲后，她和同学们做出了不再作文言文的决定。两位学习者关于参加演讲、集会、课堂学习，以及写作和发表作品的回忆表明，学校的语言管理为两位学习者学习白话文知识，练习和发表白话文章提供了空间和场所；而两位学习者的语言实践也基本是在学校语言管理的框架内进行的，如在胡适的课上使用崭新的白话文讲义，在陈中凡的课上学习用白话给古文写注释等。在学校语言教育政策的支持下，程俊英毕业时的认同建构基本符合学校的教育目标，她的一生主要扮演着国文教师和母亲的角色；黄英则在教书的同时，更多地以新文学创作名家的身份而为人熟知。可以说，女高师的国语教育政策对两位学习者的认同建构产生了直接影响，总体上，学习者的认同建构符合该校的教育目标。而黄英对传统性别意识形态的挑战，则体现了个体认同建构不受政策管控的一面：后现代主义理论下的认同是破碎的、冲突的，这些是作为社会结构性力量的政策所无法约束的方面，对这一点，我们必须承认。

女高师案例体现了语言教育政策与认同之间的第一种关联模式，即二者直接相关。一方面，女高师将"白话文女教师"这样的认同设为其教育目标，对于传统女性而言，这种新女性的认同颇具吸引力。为了达成这样的认同目标，女高师重视白话文，聘请具有新思想的男性精英为教师，并开设了丰富的语言类课程，以造就谙熟国语的白话文女教师，从而参与中国新式公民的培养。另一方面，认同对民众的吸引力需要政策手段的保障（Ager，2001；Ferguson，2006）。新女性这一认同对学生们具有持续的吸引力，得益于女高师共同体内部语言意识形态的广泛传布，以及教师们在日常生活中的身体力行和引导。女高师案例向我们呈现了语言教育政策与学习者认同建构之间的直接相关，以及语言教育政策在社会变革中起到的重要作用。

7.3.2　英语教育政策与新女性

第五章的 5.4 节概括了徐亦蓁、鲁桂珍和张肖松三位英语学习者的认同建构状态。在进入金女大学习之前，她们已经形成了"重英语，轻国语"的语言意识形态，且都专注于英语的学习。但只有在金女大学习期间，她们才有了清晰的理想认同。她们"投资"英语学习的行为，是在金女大语言意识形态和英语的资本价值的引导下做出的。金女大培养"妇女领袖"，以及将良好的英语水平作为"妇女领袖"必备素质的教育理念，对她们的语言学习和认同建构产生了深刻而显著的影响。她们都希望通过提升英语水平而在各自的领域有所建树。与此同时，在民族主义话语的影响下，英语学习被她们叙述成履行民族责任的行为，民族认同成为其女性认同的鲜明特征。总体而言，重英语的语言意识形态，英语的经济、文化资本价值，引导着三位学习者持续、积极地"投资"于英语学习，在这种"投资"行为下，她们建构了有别于中国主流社会的新女性认同。

金女大的教育目标非常明确：培养具有较高英语水平的"妇女领袖"。这样的认同定位是有别于中国主流性别意识形态的。为了达到这样的教育目标，金女大设置了高标准的、具体的英语教育政策。在意识形态上，它强调英语在整个教育体系中的价值，及其对于个体和国家发展的意义。在语言管理上，金女大以测试为手段，同时配以丰富多样的课程和先进的教学方法。在语言实践上，学生们不仅在课堂学习中使用英语，还在日常交流和课外活动中通过多种方式来锤炼英语，以英语为工具参与各类校园活动。这种相对完善的英语教育政策在金女大得到严格的自上而下的实施，而三位学习者毕业时的认同建构也都基本符合学校的教育目标。程俊英最终突破家庭和丈夫的羁绊，参与公共事务；鲁桂珍促进了中医文化的世界传播；张肖松成为中国台湾地区心理学研究的先驱。在金女大的三位学习者身上，我们看到语言教育政策的结构性力量在个体认同建构中所起的引导、支撑性作用。

金女大将"妇女领袖"这样的女性认同设为其教育目标，且为了达成这样的认同目标，设计了完善的英语教育政策。然而，很难从学生的叙事中发现金女大"妇女领袖"认同对学生的吸引力。在个人叙事中，三位学习者均采取委婉甚至隐含的方式来表达自己的"领袖"认同。可以认为，金女大的英语教育政策没有为其认同吸引力的实现提供保障（Ager，2001），更多的是将这样的认同强加到学生身上，通过其共同体内部语言意识形态的广泛传布，以及教师们在日常教学中的引导，三位学习者逐渐认可了这样的认同定位，但她们也都明白这种认同定位与中国主流社会性别意识形态相冲突，因而都不加以宣扬。在进入社会后，她们较少直接参与中国社会的变革，而是选择生活在英语语言社群内，将个体的英语学习塑造成一种民族主义行为。这向人们表明，虽然认同确实直接影响语言教育政策的制定和实施，语言教育政策也可以为这种认同的建构提供手段和保证。但当这种认同脱离教育机构所在的社会语境，其建构和表现都是相对隐晦的。金女大的案例在一定程度上验证了语言教育政策与认同之间的直接相关性，但是也引导我们反思，对于一项语言教育政策，特别是外语教育政策的合理性及实施效果的评估，需要考虑的因素是非常复杂的，其教育目标与本国的语言文化认同之间的关系，是必须纳入考察的因素。

7.4　本章小结

当社会存在不同的语言形式时，政府或权威机构的语言政策会对人们选用哪种语言产生重大的影响，而教育机构选择教授哪种语言，则不仅对该语言的社会地位（地位规划），也对这种语言的标准化和现代化（本体规划）产生重大影响。本章对女高师的研究支撑了弗格森的观点，即语言教育政策承载着语言政策实施的所有重荷，教学大纲给国家提供了塑造下一代语言态度和语言行为的重大机会（Ferguson，2006）。女高师培养的具有时代精神，以传播白话新文学为己任的新女性是一个非常好的例证。本章对金女大的研究则体现出语言教育政策与认同建构之间相对复杂的关系。虽然金女大关于学生认同的教育目标直接影响了它的语言教育政策，其语言教育政策也为学生的认同建构提供了积极的保障手段，但由于学校的教育目标违反其所在文化语境的主流性别意识形态，因而其学生的认同建构就表现得较为隐晦。由此我们会发现，在语言教育政策影响认同建构方面，不仅语言意识形态在其中起"隐性""间接"作用，其他的意识形态，如本书中涉及的性别意识形态，作为社会文化和心理因素的重要构成部分，也"隐性"地发挥作用。正如罗曼（S. Romaine）指出的那样，如果语言政策干预顺应社会潮流，就会收到成效，而如果是逆流而动的话，则难以发挥效应（Romaine，2002）。此外，德科斯塔指出，虽然语言意识形态可以通过教学活动、教科书和语言教育政策调节，但对影响认同建构的其他意识形态的调节，似乎并不是那么容易达到（De Costa，2016）。

综合女高师和金女大的案例来看，本书的分析指向第一种观点，但对第一种观点有所修正：语言教育政策与认同直接相关，认同确实直接影响语言教育政策的制定和实施，语言教育政策也为这种认同的建构提供了手段和保证。但本章的研究特别突出了意识形态的作用：当机构（国家、学校）所设立的认同符合社会大的语言文化环境时，再加上语言教育政策给予的支持，意识形态不仅能够在学生的认同建构中起到塑形作用，还能够通过培养一群具有特殊认同的新生力量，参与到该种语言的地位和本体规划建设中。然而，当学校的认同目标与社会主流文化语境有悖时，则学生的认同就会以隐晦的方式表达，且较难融入主流社会。这种情况主要是发生在外语教育中，因而，外语教育政策若对学习者的认同建构产生影响，会受限于社会主流文化语境，影响的方式较为间接、隐晦。

第八章 回顾与展望

> 正是通过教育，语言和国家认同才得到了建构、执行和传承，这是最重要的。

> ——约瑟夫，2017：54

本书从认同的角度来研究民国初期女性的语言教育，并尝试去发现语言教育政策与学习者认同建构之间的关系，进而探讨当前语言教育政策研究的核心问题：认同观念是如何与语言教育政策发生关联的（Tollefson，2013）。本书的研究发现，国语教育对女性学习者建构新的语言认同产生了直接影响。总体而言，白话文成为民国初期主流社会新女性认同的标志，白话文教育一方面实现了最初的教育目标——为国家培养"白话文女教师"，同时，也帮助女性部分地打破了传统性别意识形态和其他社会结构性力量的束缚。英语教育也对学习者的性别认同产生了影响，但这种认同是充满矛盾和争议的。虽然良好的英语能力被视作西学人才的标志，但它同时也是西方文化入侵的工具，在这种情况下，女性学习者为了建构能为主流社会接纳的认同，将英语学习建构为一种爱国的民族主义行为，使得"民族性"成为其认同的主要特征，而学校最初的教育目标——培养"妇女领袖"——则被隐藏在话语之中。由此，本书的研究发现支撑了语言教育政策与认同之间存有直接关联的学术观点（Ager，2001；Ferguson，2006；Tollefson，2013）。本书的案例表明，认同确实直接影响语言教育政策的制定和实施，语言教育政策也为这种认同目标的实现提供了手段和保证。但本书的研究特别突出了意识形态的作用，发现当认同目标符合社会大的语言文化环境，特别是主流语言意识形态时，在语言教育政策给予的手段支撑下，语言教育便能够在学生的认同建构中起到塑形作用；然而，当认同目标与社会主流文化语境有悖时，则认同的建构就会凸显其符合主流意识形态的方面，其余方面则隐含在话语体系之中。

必须承认，语言教育政策与学习者认同建构之间的关系是异常复杂的，正如诺顿所言："语言学本体研究的非结论性，以及目前认同研究仍存争执的状态，决定了语言与认同这一研究话题的复杂性。"（Norton，1997：409）众多研究者都根据自己的研究，从认同的角度对当今的语言教育和语言教育政策予以探讨（Norton，2000；Govindasamy et al.，2004；De Costa，2016；等等）。弗格森也明确指出，虽然全球化和大规模的移民都增强了人们对多语和多元文化的认识，但基于语言规划的国家认同建设在各国从未停止过（Ferguson，2006）。正是基于这样的考虑，本书的最后一章针对我国当前的语言教育与国民的认同建构提出一些看法。

在全球化时代，世界各国的语言生活都变得更加复杂。各国特别是非英语国家既需要英语去实现国际化、现代化的目标，也要面对英语对本族语可能带来的威胁，包括官方语言的地位问题，语言纯化问题以及由多语学习或外语学习引发的国家、民族、文化认同等问题。我国自改革开放以来，个体和社会对英语学习持续、大规模的"投资"，引发了民众的矛盾情感，人们感受到母语和母语文化被蚕食（高一虹，2015），以及中华文化失语的焦虑（丛丛，2000；宋伊雯等，2009；朱敏等，2016），使得"外语教育改革已成为外语规划和决策者不得不面对的现实问题"（赵蓉晖，2014：5）。当前的研究已经表明，"语言不再单纯地是交流思想的工具，更不能仅仅从经典语言学家书斋里的符号系统角度理解语言，而是要从其承载、传承、建构特定文化的功能与机制这一角度理解和把握其本质特征"（董晓波，2017）。怎样才能在实现国际化的同时维护本民族的语言文化？如何从认同建构的角度来制定国家的语言政策？此类问题已被不少国家列入政府的议事日程，同时也引发了不同领域学者的广泛探讨。本书的研究发现对于回答以上问题或略有裨益。

　　本书对女高师和金女大案例的分析揭示出，国家通用语言文字教育的改革和加强确实能有助于提升学习者的国家语言认同，也有助于培养符合国家改革需要的具有特殊人格的学习者；而英语教育似乎并不会明显降低学习者的母语文化认同。即使在半殖民地半封建社会的旧中国，就读教会学校的学习者在谋求自我发展时，也会把英语学习塑造成一种民族主义的爱国行为。所不同的是，为了对抗社会结构对个体认同建构的束缚，和在国际舞台上取得话语权，英语学习者表现出更明显的策略性，以获得更多语言资本的支持，这主要与英语的国际通用语地位，以及中国当时的社会权力体系有关。联系到当前国际语言市场的状况，英语依旧是具较高资本价值的语言，无论从个体发展的角度，还是从国家外语人才培养的角度出发，英语教育即使不被继续加强，也不应被大幅度削弱。特别是随着多语时代的到来，在培养外语人才方面，我们面临着更加复杂的局面。但本书的研究发现或许可以引导我们降低关于英语学习侵蚀母语认同的焦虑，此外，本书的研究也证明了加强母语教育，确实能够达到提升学习者母语认同，增强学习者国家、民族责任感的作用。而二者之间如何平衡，换言之，如何结合新的社会文化现状，制定合理的语言教育政策，处理好母语与外语的关系，建构和谐的语言生活，通过语言生活的和谐促进社会生活的和谐，是语言工作者们共同的责任。

　　目前，从认同角度进行的语言教育研究，还处于"探讨语言教育的本质"阶段，以实证性研究居多。至于"将社会、政治及语言现象与教育和社会变革结合起来，创建更加人性化、多样化的语言教育理论，以推动教育革新和社会变革"（Davis et al.，2004），这一远大目标还有待实现。本研究从史学角度展开考察，让我们看到知识分子和教育机构在制定语言教育政策，协助学生投资语言学习、获取话语权的过程中所发挥的作用。对五位学习者的考察，向我们清晰地展示了教育机构的语言教育政策，以及社会主流意识形态、权力关系等对她们的语言学习和认同建构产生的影响；而对她们语言学习经历和认同建构轨迹的分析也表明，当教育机构的语言教育政策和社会变革契合，并将社会变革相关内容纳入日常的教学活动时，学生的认同建构最易受到激发。在这样的语言教育中，语言学习者的认同建构基本符合学校制定的教育目标，他们通过学习权威的语言获取了符号资本，提升了文化资本的价值，不仅自我认同得到了顺畅的发展，个体的语言认同集合在一起，更导致了宏观层面的语言态度和语言转用的发生，这就是语言教育政策在国民的认同建构中所起作用的大致过程和方式。

从语言教育史的角度来看，自民国以来，我国的语言教育改革是较为成功的。民国知识分子和社会改革者们对理想家国的想象，都建构在其对语言现代化和语言教育现代化的努力中。未来的道路还很长，我们希望看到，在教育改革的进程中，学生们能意识到语言作为符号资本的力量，通过利用语言资源来提升自我，影响他人，进而参与改变社会，为个人同时也为他人创造更好的生存和发展空间。

西蒙认为："我们的教学，要一直为学生，为我们自己，也为我们的社群建构可能性。"（Simon，1992：56）我的导师姚小平教授在同我谈及语言学史、语言教育史研究的意义时说："我们生活在当下，如果只是就眼前所见的景象审视当今的动态，恐怕会因为身在其中而不能明察所以然。有时需要往后退一段路，借助一方宽阔的历史广角，才能把当前的态势看清楚。然后展望前景，决定去从，可以把未来规划得更为合理。"自 20 世纪初文白转型、英语进入课堂到现在，中国的语言教育现代化改革已走过百年有余的时光，希望本书能够在这百年历史的广角下，帮助今天的教育政策制定者和一线教师分析态势、展望未来，走好未来的路，去实现一代代教育者为之追寻的理想家国梦。

参 考 文 献

北京图书馆（1986），《民国时期总书目（1911—1949）：语言文字分册》，北京：书目文献出版社.

边永卫，高一虹（2006），"英语学习自传性文本中的自我认同建构"，《外国语言文学》，（1）：34—39.

陈东原（1928），《中国妇女生活史》，上海：商务印书馆.

陈向明（2000），《质的研究方法与社会科学研究》，北京：教育科学出版社.

陈学恂（1986），《中国近代教育史教学参考资料》（上册），北京：人民教育出版社.

陈学恂（1987），《中国近代教育史教学参考资料》（下册），北京：人民教育出版社.

陈元晖（1997），《中国近代教育史资料汇编：学制演变》，上海：上海教育出版社.

程俊英（2004），"程俊英自传"，载朱杰人、戴从喜编《程俊英教授纪念文集》，上海：华东师范大学出版社：281—289.

程斯辉，孙海英（2004），《厚生务实 巾帼楷模：金陵女子大学校长吴贻芳》，济南：山东教育出版社.

从丛（2000），"'中国文化失语'：我国英语教学的缺陷"，《光明日报》，10 月 19 日.

戴曼纯（2014），"语言政策与语言规划的学科性质"，《语言政策与语言规划》，北京：外语教学与研究出版社，（1）：5—15.

董晓波（2017），"语言教育是国家软实力的组成部分——西方语言规划观对我国语言教育的启示"，《中国教育报》，9 月

15 日.

冯爱群（1973），《胡适之先生纪念集》，台北：学生书局.

高一虹，李玉霞，边永卫（2008a），"从结构观到建构观：语言与认同研究综述"，《语言教学与研究》，(1)：19—26.

高一虹（2008b），"外语学习与认同研究在我国情境中的必要性"，《外语教学理论与实践》，(2)：72—77.

高一虹，李玉霞（2013a），"语言与认同"，载祝畹瑾主编，《新编社会语言学概论》，北京：北京大学出版社.

高一虹等（2013b），《大学生英语学习动机与自我认同发展——四年五校跟踪研究》，北京：高等教育出版社.

高一虹（2015），"投射之'屏幕'与反观之'镜子'——对中国英语教育三十年冷热情绪的思考"，《外语教学理论与实践》，(1)：1—7.

顾炳权（1996），《上海洋场竹枝词》，上海：上海书店出版社.

顾黄初，李杏保（1991），《二十世纪前期中国语文教育论集》，成都：四川教育出版社.

顾黄初（2001），《中国现代语文教育百年事典》，上海：上海教育出版社.

顾明远（2016），"浅谈语言与教育"，《语言战略研究》，(4)：5—7.

韩震（2010），"论国家认同、民族认同及文化认同——一种基于历史哲学的分析与思考"，《北京师范大学学报》，(1)：106—113.

何玲华（2007），《新教育·新女性：北京女高师研究（1919—1924)》，北京：中国社会科学出版社.

贺金瑞，燕继荣（2008），"论从民族认同到国家认同"，《中央民族大学学报》（哲学社会科学版），(3)：4—23.

胡适（1918），"美国的妇人"，《新青年》，5 (3)：213—214.

胡壮麟（2012），"超学科研究与学科发展"，《中国外语》，(6)：

16—22.

黄崇岭（2004），"性别差异与大学外语教学——对外语学习中女
　　强男弱现象的分析"，《同济大学学报》（社会科学版），（1）：
　　104—109.

黄炎培（1930），《中国教育史要》，上海：商务印书馆.

季压西，陈伟民（2007），《语言障碍与晚清近代化进程（一）：
　　中国近代通事》，北京：学苑出版社.

贾佳（2010），"《良友》和《都市周刊》：民国都市新女性"，
　　《文艺研究》，（4）：123—135.

姜丽静（2008），"历史的背影：一代女知识分子的教育记忆"，
　　华东师范大学博士论文，中国优秀硕博士论文资源库.

姜义华（1993），《胡适学术文集·新文学运动》，北京：中华
　　书局.

蒋见元（1989），"中国第一代女教授——程俊英"，《古籍整理研
　　究学刊》，（4）：42—43.

《金陵女儿》编写组（1995），《金陵女儿》，南京：江苏教育出
　　版社.

金陵女子大学学生（1927），《世界妇女的先导》(第三版)，南京：
　　中华基督教女青年协会.

金太军，姚虎（2014），"国家认同：全球化视野下的结构性分
　　析"，《中国社会科学》，（6）：4—23.

金一虹（2007），《女性叙事与记忆》，北京：九州出版社.

黎锦熙（1956），《新著国语文法》，上海：商务印书馆.

李良佑，张日昇，刘犁（1988），《中国英语教学史》，上海：上
　　海外语教育出版社.

李杏保，顾黄初（1997），《中国现代语文教育史》，成都：四川
　　教育出版社.

李宇明（2014），"语言的文化职能的规划"，《民族翻译》，（3）：
　　22—27.

李宇明（2016），"语言生活与语言生活研究"，《语言战略研究》，（3）：15—23.

栗志刚（2010），"民族认同的精神文化内涵"，《世界民族》，（2）：1—5.

梁启超（1999），《梁启超全集》（第一卷），北京：北京出版社.

刘托平（2011），"清末民国时期中学英语课程标准研究"，湖南师范大学硕士论文.

刘永兵，赵杰（2011），"布迪厄文化资本理论——外语教育研究与理论建构的社会学视角"，《外语学刊》，（4）：121—125.

刘媛媛（2011），"民国时期的英语测试及评价"，《中国考试》，（1）：46—51.

刘媛媛，邓飞，赵蓉晖（2019），"改革开放以来中国英语教育'文化认同'规划研究"，《语言战略研究》，（2）：76—83.

卢燕贞（1989），《中国近代女子教育史（1895—1945）》，台北：文史哲出版社.

庐隐（1985），《海滨故人·归雁》，北京：人民文学出版社.

庐隐（1993），《庐隐散文》，北京：中国广播电视出版社.

庐隐著，文明国编（2014），《庐隐自述》，合肥：安徽文艺出版社.

欧阳哲生（1998），《胡适文集》，北京：北京大学出版社.

钱用和（1973），"追述往事·敬悼胡师"，载冯爱群编，《胡适之先生纪念集》，台北：学生书局，22—25.

璩鑫圭，童富勇，张守智（1994），《中国近代教育史资料汇编：实业教育·师范教育》，上海：上海教育出版社.

芮晓松，高一虹（2008），"二语'投资'概念述评"，《现代外语》，（1）：90—98.

宋伊雯，肖龙福（2009），"大学英语教学'中国文化失语'现状调查"，《中国外语》，（6）：88—92.

王钱国忠（1999），《鲁桂珍与李约瑟》，贵阳：贵州人民出版社.

王森然（1929），《中学国文教学概要》，上海：商务印书馆.

王婷（2018），"民国时期我国高校学术英语教学的现代启示"，《当代外语研究》，（3）：28—32.

魏李娟（2010），"女儿身世太凄凉——略论五四女性解放潮流下新女性的真实处境"，《现代语文（文学研究)》，（11）：71—72.

吴新雷，姚柯夫，梁淑安等（2001），《清晖山馆友声集——陈中凡友朋书札》，南京：江苏古籍出版社.

吴贻芳（1983），《金女大四十年》，南京：江苏省金女大校友联谊会.

杨超美（1999），"英语学习者性别差异的研究与对策"，《解放军外国语学院学报》，（2）：58—61.

杨联芬（2010），"新伦理与旧角色：五四新女性身份认同的困境"，《中国社会科学》，（5）：206—219.

姚小平（1995），《洪堡特——人文研究和语言研究》，北京：外语教学与研究出版社.

姚小平（2006），"语言研究和人文研究中的实证法——必要性及可能性"，《语言文化十讲》，北京：外语教学与研究出版社，39—60.

叶圣陶（1980），"认识国文教学——《国文杂志》发刊辞"，载中央教育科学研究所编，《叶圣陶语文教育论集》，北京：教育科学出版社，86—91.

约瑟夫 (2017).《语言与政治》，林元彪（译），北京：外语教学与研究出版社.

于学勇（2005），"性别与二语习得能力关联研究"，《外语与外语教学》，（8）：13—15.

张莉（2008），"阅读与写作：塑造新女性的方式——以冯沅君创作为例"，《中国文学研究》，（1）：110—112.

张连红（2005），《金陵女子大学校史》，南京：江苏人民出版社.

张素玲（2007），《文化、性别与教育：1900—1930 年代的中国女大学生》，北京：教育科学出版社.

张文娟（2008），"近代妇女解放思想与五四新文化运动"，《齐鲁学刊》，（1）：135—138.

赵蓉晖（2014），"中国外语规划与外语政策的基本问题"，《云南师范大学学报（哲学社会科学版)》，（1）：1—7.

中华全国妇女联合会 (1989)，《中国妇女运动史》，北京：春秋出版社.

周庆生（2010），"中国社会语言学研究述略"，《语言文字应用》，（4）：10—21.

朱芳（2010），"民国时期的大学英语教学及其启示"，《湖北社会科学》，（5）：161—164.

朱峰（2002），《基督教与近代中国女子高等教育——金陵女大与华南女大比较研究》，福州：福建教育出版社.

朱敏，解华，高晓茜（2016），"大学英语教学中的中国文化失语成因研究"，《天津外国语大学学报》，23（5）：28—32.

朱有瓛（1989），《中国近代学制史料》第二辑（下册），上海：华东师范大学出版社.

Ager, D. E. (2001). *Motivation in Language Planning and Language Policy*. Clevedon: Multilingual Matters.

Anderson, B. (1991). *Imagined Communities: Reflections on the Origin and Spread of Nationalism* (2nd Edition). London and New York: Verso.

Angélil-Carter, S. (1997). Second language acquisition of spoken and written English: Acquiring the skeptron. *TESOL Quarterly*, 31(2): 263-287.

Anzaldúa, G. (1987). *Borderlands/ La Frontera: The New Mestiza*. San Francisco: Spinsters/Aunt Lute.

Auer, P. (ed.) (1998). *Code-Switching in Conversation: Language,*

Interaction, and Identity. London: Routledge. .

Bailey, P. J. (2007). *Gender and Education in China: Gender Discourses and Women's Schooling in the Early Twentieth Century*. Abingdon: Routledge.

Barkhuizen, G., Benson, P. and Chik, A. (2014). *Narrative Inquiry in Language Teaching and Learning Research*. New York and London: Routledge.

Beijaard, D., Meijer, P. C. and Verloop, N. (2004). Reconsidering research on teachers' professional identity. *Teaching and Teacher Education*, 20(2): 107-128.

Benjamin, J. (1986). A desire of one's own: psychoanalytic feminism and intersubjective space. In T. De Lauretis (ed.), *Feminist Studies/ Critical Studies: Issues, Terms, and Contexts*. Bloomington: Indiana University Press, 78-101.

Benjamin, J. (1988). *The Bonds of Love: Psychoanalysis, Feminism, and the Problem of Domination*. New York: Pantheon.

Blackledge, A. (2001) The wrong sort of capital? Bangladeshi women and their children's schooling in Birmingham, U. K. *International Journal of Bilingualism* 5 (3), 345-369.

Block, D. (2003). *The Social Turn in Second Language Acquisition*. Edinburgh, UK: Edinburgh University Press.

Block, D. (2007). The rise of identity in SLA research, post Firth and Wagner (1997). *The Modern Language Journal,* 91 (s1): 863-876.

Block, D. and Corona, V. (2016). Intersectionality in language and identity research. In S. Preece (ed.), *The Routledge Handbook of Language and Identity*. London: Routledge: 507-522.

Blommaert, J. (1996). Language planning as a discourse on language and society: The linguistic ideology of a scholarly tradition. *Language Problems and Language Planning*, 20(3): 199-222.

Bourdieu, P. (1977a). *Outline of A Theory of Practice*. Cambridge: Cambridge University Press.

Bourdieu, P. and Passeron, J. S. (1977b). *Reproduction in Education, Society and Culture*. Beverly Hills: Sage.

Bourdieu, P. (1977c). The economics of linguistic exchanges (trans. R. Nice). *Social Science Information* 16(6): 645–668.

Bourdieu, P. (1990). *In Other Words: Essays Towards a Reflexive Sociology*. Oxford: Polity Press.

Bourdieu, P. (1991). *Language and Symbolic Power*. Cambridge: Harvard University Press.

Bourdieu, P. (2000). *Pascalian Meditations*. R. Nice (trans.). Cambridge: Polity Press.

Brown, R. L. (1967). *Wilhem von Humboldt's Conception of Linguistic Relativity*. The Hague: Malton.

Bruner, J. (1990). *Acts of Meaning*. Cambridge, MA: Harvard University Press.

Bucholtz, M. and Hall, K. (2005). Identity and interaction: A sociocultural linguistic approach. *Discourse Studies*, 7(4-5): 585-614.

Cameron, D. (2000). Difficult subjects. *Critical Quarterly*, 42(4): 89-94.

Cameron, D. (2005). Language, gender, and sexuality: Current issues and new directions. *Applied Linguistics*, 26(4): 482-502.

Carla J. and Reginald J. (1998). Racial identity, African self-consciousness, and career decision making in African American college women. *Journal of Multicultural Counseling and Development*, 26(1): 28-36.

Carr, J. and Pauwels, A. (2006). *Boys and Foreign Language Learning: Real Boys Don't Do Languages*. London, UK: Palgrave Macmillan.

Chase, S. E. (2011). Narrative inquiry: Still a field in the making. In N. K. Denzin and Y. S. Lincoln (eds.), *The SAGE Handbook of Qualitative Research*. Los Angles: SAGE, 421-434.

Chik, A. (2011). Learner language awareness development among Asia learners and implication for teacher education. In S. Breidbach, D. Elsner, and A. Young (eds.), *Language Awareness in Teacher Education: Cultural-Political and Socio-Educational Perspectives*. Berlin: Peter Lang.

Clandinin, D. J. and Connelly, F. M. (2000). *Narrative Inquiry: Experience and Story in Qualitative Research*. San Francisco: Jossey-Bass.

Clemente, A. (2007). English as cultural capital in the Oaxacan community of Mexico. *TESOL Quarterly*, 41(2): 421-425.

Corbett, C. H. (1955). *Shantung Christian University (Cheeloo)*. New York: United Board for Christian Colleges in China.

Cummins, J. (2006). Identity texts: The imaginative construction of self through multiliteracies pedagogy. In O. Garcia, T. Skutnabb-Kangas, and M. E. Torres-Guzman (eds.), *Imagining Multilingual Schools: Languages in Education and Globalization*. Clevedon: Multilingual Matters, 51-68.

Cummins, J. and Davison, C. (2007). *International Handbook of English Language Teaching*. New York: Springer.

Dagenais, D., Moore, D., Sabatier, C., et al. (2009). Linguistic landscape and language awareness. In E. Shohamy, and D. Gorter (eds.), *Linguistic Landscape: Expending the Scenery*. New York: Routledge, 253-269.

Darvin, R. and Norton, B. (2015). Identity and a model of investment in applied linguistics. *Annual Review of Applied Linguistics*, 35: 36-56.

Davis, K. A. and Skilton-Sylvester, E. (2004). Looking back, taking stock, moving forward: Investigating gender in TESOL, *TESOL Quarterly,* 38(3): 381-404.

De Costa, P. I. (2016). *The Power of Identity and Ideology in Language Learning: Designer Immigrants Learning English in Singapore.* Dordrecht: Springer.

De Fina, A. (2006). Group identity, narrative and self-representations. In A. De Fina, D. Schriffin, and M. Bamberg (eds.), *Discourse and Identity.* Cambridge: Cambridge University Press, 351-375.

De Fina, A. and Georgakopoulou, A. (2015). *The Handbook of Narrative Analysis.* Oxford: Wiley-Blackwell.

Delpit, L. (1995). *Other People's Children: Cultural Conflicts in the Classroom.* New York: The New Press.

Dörnyei, Z. (2001). *Motivational Strategies in the Language Classroom.* Cambridge: Cambridge University Press.

Du Bois, J. W. (2002). "Stance and consequence", paper presented at the annual meeting of the American Anthropological Association, New Orleans.

Eckert, P. (1990). Cooperative competition in adolescent "girl talk". *Discourse Processes*, 13(1): 91-122.

Eckert, P., and McConnell-Ginet, S. (1992). Think practically and look locally: Language and gender as community-based practice, *Annual Review of Anthropology*, 21: 461-488.

Eckert, P. (1998). Gender and sociolinguistic variation. In J. Coates (eds.), *Language and Gender: A Reader.* Oxford: Blackwell, 42-54.

Ehrlich, S. (1997). Gender as social practice: Implications for second language acquisition, *Studies in Second Language Acquisition*, 19(4): 421-446.

Ehrman, M. and Oxford, R. L. (1990). Adult language learning styles and strategies in an intensive training setting, *The Modern Language Journal*, 73(1): 1-3.

Ellis, R. (1994). *The Study of Second Language Acquisition*. Oxford: Oxford University Press.

Ferguson, G. (2006). *Language Planning and Education*. Edinburgh: Edinburgh University Press.

Fishman, J. A. (1991). *Reversing Language Shift: Theoretical and Empirical Foundations of Assistance to Threatened Languages*. Clevedon: Multilingual Matters.

Foucault, M. (1981). *The History of Sexuality – Volume One: An Introduction*. Harmondsorth: Pelican.

Gao, X. (2010). Autonomous language learning against all odds. *System*, 38 (4), 580-590.

Giroir, S. (2014). Narratives of participation, identity, and positionality: Two cases of Saudi learners of English in the United States. *TESOL Quarterly*, 48 (1): 34-56.

Goldstein, T. (1996) *Two Languages at Work: Bilingual Life on the Production Floor*. Berlin and New York: Mouton de Gruyter.

Govindasamy, S. and David, N. K. (2004). Investigating the male voice in a Malaysian ESL classroom. In B. Norton and A. Pavlenko (eds.), *Gender and English Language Learners*. Alexandria, VA: TESOL, 59-68.

Gu, M. (2008). Identity construction and investment transformation: College students from non-urban areas in China. *Journal of Asian Pacific Communication*, 18(1): 49-70.

Gu, M. (2010). Identities constructed in difference: English language learners in China. *Journal of Pragmatics*, 42(1): 139-152.

Habermas, J. (1970). Toward a theory of communicative competence. In H. P. Dreitzel (ed.), *Recent Sociology – No. 2: Patterns of*

Communicative Behavior. New York: Macmillan, 114-148.

Hall, S. (1996). Introduction: who needs "identity"? In S. Hall and P. du Guy (eds.), *Questions of Cultural Identity*. London: Sage, 1-17.

Hansen, J. G. and Liu, J. (1997). Social identity and language: Theorctical and methodological issues, *TESOL Quarterly*, 31(3): 567-576.

Harré, R. and Van Langenhove, L. (1991). Varieties of positioning, *Journal for the Theory of Social Behaviour*, 21(4): 393-407.

Harré, R. and Moghaddem, F. (2003). Introduction: The self and others in traditional psychology and in positioning theory. In R. Harré, and F. Moghaddam (eds.), *The Self and Others: Positioning Individuals and Groups in Personal, Political and Cultural Contexts*. Westport, CT: Praeger, 1-11.

Hawkins, M. R. (2005). Becoming a student: Identity work and academic literacies in early schooling. *TESOL Quarterly*, 39(1): 59-82.

Heller, M. (2007). Bilingualism as ideology and practice. In M. Heller (ed.), *Bilingualism: A Social Approach*. New York: Palgrave Macmillan, 1-22.

Heller, M. (2011). *Paths to Post-Nationalism: A Critical Ethnography of Language and Identity*. Oxford: Oxford University Press.

Holmes, J. (1993). New Zealand women are good to talk to: An analysis of politeness strategies in interaction. *Journal of Pragmatics*, 20(2): 91-116.

Horner, K. and Bellamy, J. (2016). Beyond the micro-macro interface in language and identity research. In S. Preece (ed.), *The Routledge Handbook of Language and Identity*. Oxon and New York: Routledge, 320-334.

Joseph, J. E. (2006). *Language and Politics*. Edinburgh: Edinburgh

University Press.

Kanno, Y. (2003). *Negotiating Bilingual and Bicultural Identities: Japanese Returnees betwixt Two Worlds.* Mahwah, NJ: Lawrence Erlbaum Associates.

Kanno, Y. (2008). *Language and Education in Japan: Unequal Access to Bilingualism.* Basingstoke: Palgrave Macmillan.

Kendrick, M. and Jones, S. (2008). Girls' visual representations of literacy in a rural Ugandan community. *Canadian Journal of Education*, 31 (2), 371-404.

King, A. K. and De Fina, A. (2010). Language policy and Latina immigrants: An analysis of personal experience and identity in interview talk. *Applied Linguistics*, 31(5): 651-670.

Kobayashi, Y. (2002) The role of gender in foreign learning attitudes: Japanese female students' attitudes towards English learning. *Gender and Education* 14 (2): 181-97.

Kobayashi, Y. (2011). Applied linguistics research on Asianness. *Applied linguistics* 32(5): 566-571.

Kramsch, C. (2013). Afterword. In B, Norton. *Identity and Language Learning: Extending the Conversation* (2nd Edition). Toronto: Multilingual Matters, 192-199.

Kroskrity, P. V. (2004). Language ideologies. In A. Duranti (ed.), *A Companion to Linguistic Anthropology.* Malden: Blackwell, 496-517.

Kubota, R. (2002). The impact of globalization on language teaching in Japan. In D. Block and D. Cameron (eds.), *Globalization and Language Teaching.* New York: Routledge, 13-28.

Labov, W. (1990). The intersection of sex and social class in the course of linguistic change. *Language Variation and Change*, 2(2): 205-254.

Lafford, B. A. (2007). Second language acquisition reconceptualized? The impact of Firth and Wagner (1997). *The Modern Language Journal*, 91(s1): 735-756.

Lamb, M. (2007). The impact of school on EFL learning motivation: An Indonesian case study. *TESOL Quarterly*, 41(4): 757-780.

Lantolf, J. P. (2000). A century of language teaching and research: Looking back and looking ahead. *The Modern Language Journal*, 84(4): 467-471.

Lantolf, J. P. and Genung, P. (2003). 'I'd rather switch than fight': An activity theoretic study of power, success, and failure in a foreign language classroom. In C. Kramsch (ed.), *Language Acquisition and Language Socialization: Ecological Perspectives*. London: Continuum, 175-196.

Lave, J. and Wenger, E. (2004). *Situated Learning: Legitimate Peripheral Participation*. New York: Cambridge University Press.

Le Page, R. B. and Tabouret–Keller, A. (1985). *Acts of Identity: Creole-Based Approaches to Language and Ethnicity*. Cambridge: Cambridge University Press.

Liddicoat, A. J. (2013). *Language-in-education Policies: The Discursive Construction of Intercultural Relations*. Bristol: Multilingual Matters.

Lu, H. and Luk, J. (2014). "I would study harder if I was a girl": Gendered narratives of low-achieving male and high-achieving female EFL learners. *Journal of Language, Identity, and Education*, 13(1): 1-15.

Lutz, J. G. (2002). *Mission Dilemmas: Bride Price, Minor Marriage, Concubinage, Infanticide, and Education of Women*. New Haven: Yale Divinity School Library.

McGroarty, M. (1998). Constructive and constructivist challenges for applied linguistics. *Language Learning,* 48(4): 591-622.

McGroarty, M. (2010). Language and ideologies. In N. H. Hornberger and S. L. McKay (eds.), *Sociolinguistics and Language Education.* Clevedon: Multilingual Matters, 3-39.

McMahill, C. (1997). Communities of resistance: A case of two feminist English classes in Japan. *TESOL Quarterly,* 31: 612-622.

Measor, L., and Sikes, P. J. (1992). *Gender and School.* New York: Cassell.

Miller, E. and Kubota, R. (2013). Second language identity construction. In J. Herschensohn and M. Young-Scholten (eds.), *The Cambridge Handbook of Second Language Acquisition.* Cambridge: Cambridge University Press, 231-250.

Mishler, E. G. (1986). *Research Interviewing: Context and Narrative.* Cambridge, MA: Harvard University Press.

Mrs. Thurston. (1916). The higher education of Chinese women: Aims and problems, *Educational Review*, (8): 96.

Mrs. Thurston, L. and Miss Chester, R. M. (1955). *Ginling College.* New York: United Board for Christian Colleges in China.

Norton Peirce, B. (1995). Social identity, investment, and language learning, *TESOL Quarterly,* 29(1): 9-31.

Norton, B. (1997). Language, identity, and the ownership of English. *TESOL Quarterly,* 31(3): 409-429.

Norton, B. (2000). *Identity and Language Learning.* London: Longman.

Norton, B. and Pavlenko, A. (2004a). Addressing gender in the ESL/ EFL classroom. *TESOL Quarterly,* 38(3): 504-514.

Norton, B. and Pavlenko, A. (2004b). *Gender and English Language Learners.* Alexandria, VA: TESOL.

Norton, B. (2010). Language and identity. In N. H. Hornberger and S. L.

McKay (eds.), *Sociolinguistics and Language Education*. Buffalo: Multilingual Matters.

Norton, B. (2013). *Identity and Language Learning: Extending the Conversation* (2nd Edition). Toronto: Multilingual Matters.

Pablé, A. Haas, M. and Christe, N. (2010). Language and social identity: An integrationist critique. *Language Sciences*, 32(6): 671-676.

Pavlenko, A. (2001a). Language learning memoirs as a gendered genre. *Applied Linguistics*, 22(2): 213-240.

Pavlenko, A. and Piller, I. (2001b). New directions in the study of multilingualism, second language learning, and gender. In A. Pavlenko, A. Blackledge, I. Piller and M. Teutsch-Dwyer (eds.), *Multilingualism, Second Language Learning, and Gender*. New York: Mouton de Gruyter, 17-52.

Pavlenko, A. (2002). Narrative study: Whose story is it, anyway? *TESOL Quarterly*. 36(2): 213-218.

Pavlenko, A. and Norton, B. (2007a). Imagined communities, identity, and English language learning. In J. Cummins and C. Davison (eds.), *International Handbook of English Language Teaching*. New York: Springer, 669-680.

Pavlenko, A. (2007b). Autobiographic narratives as data in applied linguistics, *Applied Linguistics,* 28(2): 163-188.

Pavlenko, A. and Piller, I. (2007c). Language education and gender. In S. May (ed.), *Encyclopedia of Language and Education*. Volume 1. Springer, 57-69.

Pavlenko, A. (2008). Narrative analysis in the study of bi-and multilingualism. In M. Moyer and Li Wei (eds.), *The Blackwell Guide to Research Methods in Bilingualism*. Oxford: Blackwell, 311-325.

Piller, I. and Pavlenko, A. (2004). Bilingualism and gender. In Bhatia, T. and W. Ritchie (eds.), *Handbook of Bilingualism*. Oxford: Blackwell, pp. 489-511.

Rampton, B. (1995). *Crossing: Language and Ethnicity among Adolescents*. Harlow, UK: Longman.

Reeves, J. (2009). Teacher investment in learner identity. *Teaching and Teacher Education*, 25(1): 34-41.

Robert, D. L. (1996). *American Women in Mission: A Social History of Their Thought and Practice*. Macon, Georgia: Mercer University Press.

Romaine. S. (2002). The impact of language policy on endangered languages. *International Journal on Multilingual Societies*, 4(2): 194-212.

Rouse, J. (1979). The politics of composition, *College English*, 41(1): 1-12.

Sakui, K. (2002). Swiss cheese syndrome: Knowing myself as a learner and teacher. *Hong Kong Journal of Applied Linguistics*, 7(2): 136-151.

Schecter, S. R. and Bayley, R. (1997). Language socialization practices and cultural identity: Case studies of Mexican-descent families in California and Texas, *TESOL Quarterly*, 31(3): 513-541.

Schmenk, B. (2004). Language learning: A feminine domain? The role of stereotyping in constructing gendered learner identities, *TESOL Quarterly*, 38(3): 514-524.

Schmidt, R. (2000). *Language Policy and Identity Politics in the United States*. Philadelphia: Temple University Press.

Si, J. J. (2006). *The Circulation of English in China, 1840-1940: Historical Texts, Personal Activities, and a New Linguistics Landscape*. Ph. D. Dissertation of University of Pennsylvania.

Silver, R. E. (2005). The discourse of linguistic capital: Language and economic policy planning in Singapore. *Language Policy*, 4(1): 47-66.

Simon, R. I. (1992). *Teaching Against the Grain: Texts for Pedagogy of Possibility*. New York: Bergin and Garvey.

Skilton-Sylvester, E. (2002). Should I stay or should I go? Investigating Cambodian women's participation and investment in adult ESL programs. *Adult Education Quarterly* 53(1): 9-26.

Skutnabb-Kangas, T. and McCarty, T. L. (2008). Key concepts in bilingual education: Ideological, historical, epistemological, and empirical foundations. In J. Cummins and N. Hornberger (eds.). *Encyclopedia of Language and Education* (2nd Edition). Volume 5, Bilingual Education. New York: Springer, 3-17.

Smolicz, J. J. (1992). Minority languages as core values of ethnic cultures: A study of maintenance and erosion of Polish, Welsh, and Chinese languages in Australia. In W. Fase, K. Jaspaert and S. Kroon(eds.), *Maintenance and Loss of Minority Languages*. Amsterdam/Philadelphia: John Benjamins Publishing Company, 277-305.

Spolsky, B. (2004). *Language Policy*. Cambridge: Cambridge University Press.

Spolsky, B. (2011). Does the United States need a language policy? *CAL Digest*, March: http://www.cal.org/content/download/1529/16118/file/DoestheUnitedStatesneedalanguagepolicy.pdf.

Swain, M. (2006). Languaging, agency and collaboration in advanced second language proficiency. In H. Byrnes (ed.), *Advanced Language Learning: The Contributions of Halliday and Vygotsky*. London: Continuum, 95-108.

Tajfel, H. (1974). Social identity and intergroup behavior. *Social Science Information*, 13(2): 65-93.

Tajfel, H. (1978). Social categorization, social identity and social comparison, in H. Tajfel (ed.), *Differentiation Between Social Groups: Studies in the Social Psychology of Intergroup Relations*. London: Academic Press, pp. 61-76.

Thompson, J. (1991). Editor's introduction. In P. Bourdieu, *Language and Symbolic Power*. Cambridge: Polity Press.

Thorne, B. (1993). *Gender play: Girls and boys in school*. New Brunswick: Rutgers University Press.

Tollefson, J. (2011). Language planning and language policy. In R. Mesthrie (ed.), *The Cambridge Handbook of Sociolinguistics*. Cambridge: CUP, 357-376.

Tollefson, J. W. (2013). *Language Policies in Education: Critical Issues* (2nd Edition). New York: Taylor and Francis.

Toohey, K., and Scholefield, A. (1994). Her mouth windfull of speech: Gender in the English as a second language classroom. *TESL Canada Journal*, 12(1), 1-14.

Toohey, K. Day, E. and Manyak, P. (2007). ESL learners in the early school years: Identity and mediated classroom practices. In J. Cummins, and C. Davison, (eds.), *International Handbook of English Language Teaching*. New York: Springer, 625-638.

Waelchli, M. J. (2002). *Abundant Life: Matilda Thurston, Wu Yifang and Ginling College, 1915-1951*. Ph. D. Dissertation of the Ohio State University.

Wang, L. (2004). *Personal Matters: Women's Autobiographical Practice in Twentieth-century China*. Stanford: Stanford University Press.

Wang, Z. (1999). *Women in the Chinese Enlightenment: Oral and*

Textual Histories. Berkley, CA: University of California Press.

Warriner, D. S. (2004). "The days now is very hard for my family" : The negotiation and construction of gendered work identities among newly arrived women refugees. *Journal of Language, Identity, and Education*, 3(4): 279-294.

Wee, L. (2010). Neutrality in language policy. *Journal of Multilingual and Multicultural Development*, 31(4): 421-434.

Weedon, C. (1997). *Feminist Practice and Poststructuralist Theory* (2nd Edition). London: Blackwell.

Wenger, E. (1998). *Communities of Practice: Learning, Meaning and Identity.* Cambridge: Cambridge University Press.

West, C. (1992). A matter of life and death. *October*, 61 (summer), 20-23.

Wiley, T. G. and Garcia, O. (2016). Language policy and planning in language education: Legacies, consequences, and possibilities. *The Modern Language Journal*, 100(s1): 48-63.

Woolard, K. (1998). Introduction: Language ideology as a field of inquiry. In B. Schieffelin, K. A. Woolard, and P. V. Kroskrity (eds.), *Language Ideologies: Practice and Theory*. New York: Oxford University Press, 3-47.

Wortham, S. (2001). Language ideology and educational research. *Linguistics and Education*, 12(3): 253-259.

Wortham, S. and Rhodes, C. (2013). Life as a chord: Heterogeneous resources in the social identification of one migrant girl. *Applied Linguistics*, 34(5): 536-553.

Yoon, B. (2008). Uninvited guests: The influence of teachers' roles and pedagogies on the positioning of English language learners in the regular classroom. *American Educational Research Journal*, 45(2): 495-522.

Zurndorfer, H. T. (2005). Gender, higher education, and the "new women" : The experiences of female graduates in Republican China. In M. Leutner and N. Spakowski (eds.), *Women in China: The Republican Period in Historical Perspective*. Munster: Lit Verlag, 450-481.

后记：在史密斯女子大学和
耶鲁大学神学院的日子

在博士论文《民国初期女性的语言教育》进入史料挖掘阶段之前，我并不知道美国麻省幽静的山谷中，坐落着一所名为史密斯的女子大学，也不知道她有着培育"敢于与众不同的女性"（dare to be different）的优秀传统。当这所培养了美国第一夫人如南希·里根、芭芭拉·布什，女作家如玛格丽特·米切尔的百年女校授予我全额奖学金，让我得以飞赴美国参与该校的国际研究生项目时，我平生第一次体会到何为"伟大的平凡，平凡的伟大"。也是在那一刻，我的研究目标终于有了实现的可能。

在得到史密斯女子大学资助之前，我辗转于中国国家图书馆、北京大学、北京师范大学、南京的中国第二历史档案馆、南京师范大学等处，都未能获得民国教会女校毕业生的自传性资料，因而也就无法深入发掘英语学习者个案。假如那样，研究就有可能成为一部关于民国女性语言教育的"流水账"。这样的结果显然让人很难接受。我所期望的是勾画出一幅生动、立体的语言教育史画卷，而要达到这一目的，至少取决于两个条件：一是研究视角的选取，为此，我选取了认同建构的视角；二是资料的多样性，不能仅呈现官方文献，更要让个案开口说话。正是史密斯女子大学的资助让我的研究理想成为可能。

从 2011 年 9 月起，几乎每个下午我都在史密斯女子大学的档案馆中度过。傍晚时分走出档案馆，看到半隐在爬山虎藤叶后面的那盏门灯闪烁着温暖的光亮，总是忍不住思念我那留在国内尚不满周岁的女儿。到了 11 月，我已读完史密斯收藏的所有史料，仍深感细描性语料的不足，于是按图索骥寻到了耶鲁大学神学院特殊馆藏，在那里继续研读史料。从史密斯到耶鲁，自驾需要一个小时，公交则要辗转两个半小时。2011 年冬季的麻省异常寒冷，10 月下旬就闹起雪灾，大雪压断了树枝，树枝扑倒了电线，麻省大部分地区一度停水停电停暖。见我奔波辛苦，我在史密斯女子大学的导师苏珊·布尔克（Susan Bourque）教授帮我申请到"女性与社会变革"项目的资助，用于购置耶鲁大学神学院档案馆资料的电子扫描件，存放于史密斯档案馆，方便我和以后的研究者使用。而早在 2009 年 11 月，我的这项研究已获得母校北京外国语大学"学生创新研究项目"的支持，得以先期搜集到国立女校与语言教育有关的史料。若没有母校和史密斯女子大学的支持，很难想象我的研究能取得些许成功。

过去的几年间，利用这些语料，我陆续在国内外发文，探讨语言教育与女性认同建构之间的关系，文章见于《现代外语》《语言学研究》《妇女研究论丛》《性别与语言》（Gender and Language）等期刊，却从未想过以博士论文为基础整合为一本书。我主要是担心自己的研究对理论贡献不足，而且总觉得方方面面还需要充实。直到最近，在诸多师友，特别是恩师姚小平教授多次善意的提醒下，我的思想终于有了转变，决定在书稿"捂出毛"之前，花力气去改善它、提升它，勇敢地让它去面对曾经帮助过我的国内外诸位师长，以及对这一话题感兴趣的读者。恩师不仅为我写序，还细读内容，大到章节，小到词句，一一提出意见。从读博到现在，每当我的研究取得哪怕一丁点的进步，恩师都比我自己还要高兴。在恩师的期盼和关怀中，我虽未有小成，却也勤勉执着，认真做学术，实在不敢也不忍辜负他的一番期望。最后，希望书中所记录的五位民国女性的语言学习故事，能够为您的研究或生活带来瞬间的感动和启迪。